VIRTVTEM FOR
MA, DECORAT

B. Nardini / R. Hagelstange

Die Fabeln des Leonardo da Vinci

Gesammelt und herausgegeben von Bruno Nardini

Ins Deutsche übertragen und mit einem Vorwort versehen von Rudolf Hagelstange

Illustrationen von Adriana Saviozzi Mazza

ARENA-VERLAG WÜRZBURG

Lieselotte Troitzsch.

Leonardo, der Erzähler

Wenn das hochgespannte, beinahe überspannt anmutende Wort vom Universalgenie jemals in einer menschlichen Gestalt (um eine biblische Formel zu verwenden) Fleisch geworden sein sollte, so kann keiner der uns bekannten Sterblichen eher in so schmeichelhaften Verdacht genommen werden als der 1452 bei Empoli geborene Künstler, Denker, Wissenschaftler, Konstrukteur Leonardo da Vinci.
Wie nicht wenige Große – wenn wir von den Gewalttätern oder Machtausübenden absehen, denen das Kompliment der Größe oft vorzeitig und liebedienerisch erwiesen wird – erfuhr der Italiener das Geschick, von manchen seiner Zeitgenossen nicht erkannt, unterschätzt oder als Sonderling mißverstanden zu werden. Und da er schön von Antlitz und Gestalt, ein bestechender Gesprächspartner, ein begabter Redner und ungewöhnlicher Unterhalter war, mögen ihn etliche seiner Zeitgenossen vielleicht gar für einen Blender oder Scharlatan gehalten haben, der zwar über unbestreitbare Talente verfügte, dem es jedoch an Solidität und weiser Beschränkung mangelte.
Daß er ein trefflicher Maler war, stand wohl außer Zweifel; aber allzuoft ließ er seine Arbeiten unvollendet, was auch für seine bildhauerischen Entwürfe zutrifft. In seinen architektonischen Plänen und mehr noch seinen naturwissenschaftlichen und technischen Ideen schien er freilich geradezu

Das Geburtshaus von Leonardo da Vinci

Von links nach rechts: Lorenzo de' Medici, »der Prächtige«; Ludovico Sforza, Herzog von Mailand; Franz I., König von Frankreich

Größenwahn und Hochstapelei zu verraten. Wenn er nicht gar im letzten ein Narr war.

Dieser Mann maßte sich an, über alles und jedes Bescheid zu wissen. Er äußerte sich über Anatomie und Physiologie, über Optik wie Akustik, Botanik und Geologie, Kriegskunst und Astronomie, über medizinische Fragen. Gab es überhaupt ein Wissensgebiet, eine menschliche Tätigkeit, eine irdische Erscheinung, über die er nicht das Erstaunlichste zu behaupten oder gar zu beweisen wußte? Die Pupille der Eule, die Zunge des Spechtes, das Rückenmark des Frosches, Hirn und Geschlechtsorgan des Menschen, Blitz, Sintflut, Erdbeben, Malerei, Musik, Mathematik: dem forschenden und schweifenden Geist und den neugierigen Sinnen dieses Mannes entzog sich kein Gegenstand, kein Geschöpf, keine Erscheinung, Bewegung, Betätigung irdischen Lebens.

»Der Körper der Erde hat die gleiche Natur wie ein Fisch – er atmet Wasser statt Luft.«

»Die Fische sind im Wasser schneller als die Vögel in der Luft.«

»Die Körper der männlichen Toten schwimmen auf dem Rücken, und die weiblichen auf dem Bauch.«

Und so fort. Eine endlose Kette von Einsichten, vermeintlichen Paradoxien, funkelnden Aphorismen, Lebensweisheiten, Regeln ließe sich aufreihen,

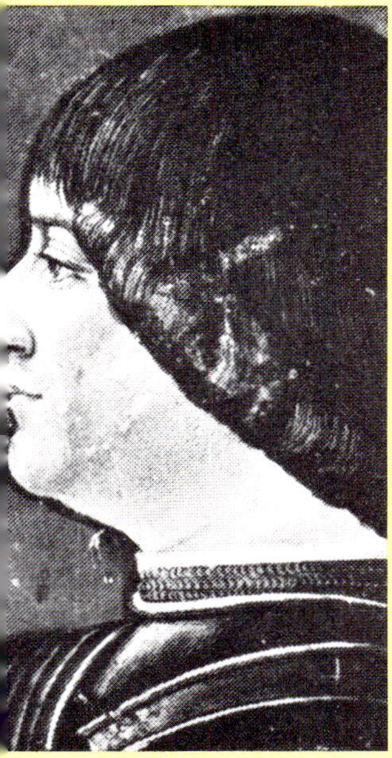

Schloß Cloux
bei Amboise,
wo Leonardo
seine letzten Lebensjahre
verbrachte

verschiedenartigster, teils widersprüchlicher Art: sie stammen alle von einem Autor, von Leonardo. Und woher hat er sie?
»Die Weisheit ist die Tochter der Erfahrung.« So lautet seine eigene Antwort. »Und die Erfahrung?« könne man weiter fragen und antworten: »Die Mutter aller Erfahrungen ist die menschliche Neugier.« Und dieser glänzende Geist des Mittelalters war eines ganz gewiß: der neugierigste aller Lebenden. Wie anders hätte er die Regeln der Malerei mit denen der erfolgreichen Tigerjagd paaren, die Hilfsgeräte des Menschen von der Lupe bis zur Bohrmaschine, vom Panzerwagen bis zu Heliokopter und Flugzeug erkennen und vorausentwerfen können?
Bruno Nardini, der italienische Herausgeber dieses Buches, stellt darum mit vollem Recht fest: »Unser Jahrhundert, welches endlich den Menschen fliegen sieht wie die Vögel, das ihn geradezu auf andere Planeten auswandern sieht, ist auch das der Wiederentdeckung Leonardos. Die Maschinen unserer Zivilisation, vom Fahrrad bis zum Flugzeug und Unterseeboot, sind geboren in der Fantasie und Spekulation jenes großen Einzelgängers; und die Wissenschaft, als Erfahrung der Natur, hat in Leonardo ihren geistigen Vater. Wir Heutigen sind die wahren Zeitgenossen dieses großen Geistes.«

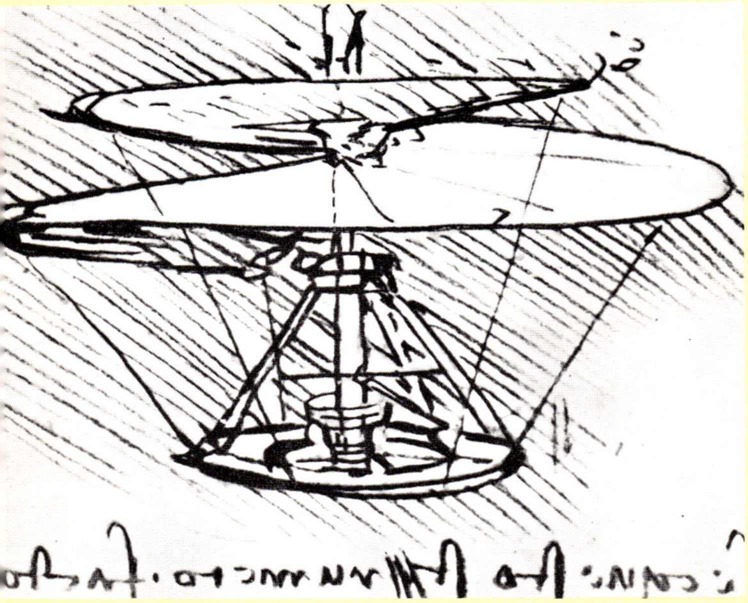

Skizze
eines Flugapparates,
dem modernen
Helikopter ähnlich

Phantastischer
Vorläufer des
modernen Panzers

Dieser wissenschaftliche, technische, künstlerische »Zeitgenosse« Leonardo da Vinci tritt augenblicks, wenn sein Name genannt wird, in unser Bewußtsein ein. Das Neue aber, bisher kaum Gewußte, das mit diesem Buch deutlich wird, ist seine Gabe als Fabulierer, als Parabel-Dichter.

Seine Bilder und Zeichnungen, in wie spärlicher Anzahl sie immer auf uns gekommen sein mögen, sind weltbekannt; seine musikalischen Kompositionen hört man gelegentlich sogar im Rundfunk; seine technischen Erfindungen sind längst alltägliche Realität. Was aber für jedermann, also auch den einfachen und heranwachsenden Menschen, erreichbar und verständlich ist von den Erfindungen dieses Universalgenies, das sind diese einfachen, aber insgeheim kunstvollen, diese naiv anmutenden, aber von Lebensweisheit diktierten Fabeln und Legenden, die uns lächeln und am Ende klüger machen – so wie jede gute Fabel es tut, die mit Hilfe einer kleinen Lüge (die Tiere oder Pflanzen sprechen läßt) eine große Wahrheit aussagt.

Die Menschheit kennt Fabeln und Parabeln aus der Tierwelt seit alters. Aber große Fabeldichter sind trotzdem eine Seltenheit geblieben – man braucht nicht viel mehr als die Finger einer Hand, um die wirklich originellen und bedeutenden aufzuzählen; und zumeist haben sich die Späteren an die Frühen angelehnt oder auch von ihnen abgeschrieben.

Hydrodynamische Studien: Formen eines Schiffsrumpfes und einiger Fische

Mörser, dessen Geschoß beim Zerplatzen viele Kugeln freigibt: dem modernen Schrapnell vergleichbar

Auch bei Leonardo sprechen die Tiere; aber nicht nur sie allein: die ganze Natur meldet sich bei ihm zu Wort – der Stein, der Nußkern, das Feuer, die Luft, das Wasser, selbst die künstliche Materie, wie etwa ein Blatt Papier. Und das Bewegende an dieser Beseelung des angeblich Unbeseelten ist der menschlich-moralische Antrieb, der bei der Lektüre dieser ebenso tiefsinnigen wie amüsanten Geschichten auf uns überfließt.

Denn Leonardo war ein Humanist von reinstem Geblüt. Er verbindet den kühlen messenden und wägenden Verstand mit dem fühlenden Herzen, das Sympathie ebenso empfindet wie weckt. Ein unerschütterlicher Glaube an die Sendung, den Auftrag des Menschen ist ihm mitgegeben. Er fürchtet zwar in seinem Buch der Prophezeiungen, auch hier seiner Zeit voraus, um die »humane« Verhaltensweise der Erdbewohner und nennt den Menschen den »Verderber alles Geschaffenen«, womit er gerade uns Heutigen unüberhörbar ins Gewissen redet. Aber – er weiß auch die Heilmittel, die uns zur Verfügung stehen: »Die Liebe überwindet alles.« – »Gute Menschen haben den Wunsch nach Wissen.« – »Ohne Gleichheit gibt es keine Ruhe.« – »Frage den um Rat, der sich gut führt.«

Und eben in diesen Fabeln entdecken wir einen guten Rat nach dem anderen, eine Lebensweisheit um die andere. Ein liebenswerter, menschlicher Lehrmeister führt das Wort.

Der »Magnifico« und der »Fantastico« in einer der bedeutendsten Ausführungen

Wenn gesagt wurde, daß nicht alle seine Zeitgenossen diesen großen Geist erkannt hätten, so muß freilich hinzugefügt werden, daß es ihm auch an Bewunderung und Mäzenen nicht gefehlt hat, daß er Gast der Mächtigsten war, daß Staaten seinen Rat suchten und die glänzendsten Gesellschaften jener Zeit seiner Rede lauschten, die immer wieder durchsetzt war von geistreichen Anspielungen, Anekdoten, Parabeln, Histörchen, Späßen – ob es nun der Hof des französischen Königs war oder der Kreis um Lorenzo »Il Magnifico« oder den Herzog von Mailand, ob er Gast der Venezianer war, die ihn brauchten, als 1500 ein türkischer Angriff zur See befürchtet werden mußte, oder ob er zu Hause bei seinen Toskanern war.
Manche seiner Parabeln hat er selbst aufgeschrieben, wie sie hier nachzulesen sind. (Immer notierte er »für spätere Bücher«.) Andere wieder hat er nur in Stichworten festgehalten, um sie später einmal niederzuschreiben, und es sind nur diese wenigen Sätze geblieben, die wie eine Disposition das Gerüst der Fabel enthielten und dem Herausgeber Nardini erlaubten, sie ohne Gefahr für Form oder Gedanken auszuführen.
Tiefsinn und gedanklicher Höhenflug, Humor und Sarkasmus sind darin ebenso zu finden wie Fantasie und Gemüt. Wobei die Paarungen der Partner, deren Wettbewerb oder Widerstreit am Ende das Resümé zutage fördern, denkbar überraschend und außergewöhnlich sind.

Kann der Kirchturm ahnen, daß der Nußkern, der einer Krähe entfällt und dem er in einem Mauerspalt zu bleiben erlaubt, ihn eines Tages sprengen wird? In welcher Geschichte dieser Welt sind sich Maus und Auster, Kürbis und Weide, Floh und Hammelfell zuvor begegnet? Wo las man vom Aufstand der Fische gegen das Netz, vom Alleingang des Rasiermessers? Von der Rivalität von Pflanzen und Bäumen, vom Freiheitsdurst der winzigsten Wesen? Wer kann ohne Rührung die Geschichte vom gestohlenen Rebhuhn-Ei lesen, dessen eben flügges Junge aus Instinkt beim ersten Flug ins Nest der wahren Mutter zurückkehrt?

Immer lächeln wir Einverständnis, freuen uns der überzeugenden Beweisführung, entzücken uns an der Gestaltung des Stoffes und dem Gedankenblitz, der aus der Materie uns anspringt.

Und was in der ersten Fabel vom Blatt Papier und der Tinte gesagt wird, in der sich das Papier über die »Besudelung« durch die Tinte beschwert und diese daraufhin erwidert, daß von Besudelung nicht die Rede sein könne, weil das mit der Tinte beschriebene Papier jetzt die Gedanken des Menschen bewahre und somit ein kostbares Instrument geworden sei, das gilt für das ganze Buch der Fabeln: Es reicht, unübersehbar, die Botschaft der Intelligenz weiter.

Und sollten wir alle nicht wenigstens im Sinne Leonardo da Vincis »gute Menschen« sein wollen und den Wunsch nach Wissen haben...

Rudolf Hagelstange

Das Papier und die Tinte

Ein Blatt Papier, das zusammen mit anderen, ihm ähnlichen Blättern auf einem Schreibtisch lag, sah sich eines Tages mit Zeichen bedeckt. Eine Feder, in schwärzester Tinte gebadet, hatte es mit vielen Wörtern und Zeichen übersät.
»Konntest du mir diese Erniedrigung nicht ersparen?« sagte das Blatt erzürnt zur Tinte. »Du hast mich besudelt mit deiner höllischen Schwärze und für immer ruiniert!«
»Warte ab«, antwortete ihm die Tinte. »Ich habe dich nicht besudelt, sondern dich mit Sinnbildern versehen. Jetzt bist du kein Blatt Papier mehr, sondern eine Botschaft. Du bewahrst den Gedanken des Menschen und bist somit ein kostbares Instrument geworden.«
Und in der Tat: Bald darauf machte jemand Ordnung auf dem Schreibtisch, sah die verstreuten Blätter und wollte sie ins Feuer werfen. Unversehens kam ihm das »besudelte« Blatt in die Hand, und er schied es von den anderen und legte es zurück auf seinen Platz, weil es unübersehbar die Botschaft der menschlichen Intelligenz trug.

Die Lerche

Es war einmal ein Eremit, der im Walde lebte und dessen einzige Gesellschaft ein Vogel war: eine kleine Lerche.
Eines Tages kamen zwei Schildknappen zu ihm und baten ihn, sie aufs Schloß zu ihrem Herrn zu begleiten, der schwer erkrankt war.
Der Alte, gefolgt von der Lerche, ging mit den Knappen und wurde sofort in das Krankenzimmer geführt.
Vier Doktoren schüttelten den Kopf und sprachen miteinander.
»Da ist nichts mehr zu tun«, murmelte der, welcher der klügste zu sein schien. »Leider muß er sterben.«
Der alte Eremit blieb an der Tür stehen, beobachtete die Lerche, die sich auf einem Fensterbrett niederließ, und betrachtete den Kranken.

»Er wird genesen«, sagte der Eremit schließlich.
»Aber wie kann dieser Tropf eine solche Behauptung wagen!« riefen die Ärzte.
Der Sterbende öffnete die Augen, sah den Vogel an, der ihn unverwandt anblickte, und versuchte ein Lächeln.
Nach und nach nahmen seine Wangen Farbe an, seine Kräfte kehrten zurück, und zum Erstaunen aller sagte er: »Ich fühle mich ein wenig besser.«
Einige Zeit danach begab sich der nunmehr ganz genesene Schloßherr in den Wald, um dem alten Weisen zu danken.
»Danke nicht mir«, sprach der Eremit. »Es war dieser Vogel, der dich gesunden ließ. Die Lerche ist ein sehr feinfühliger Vogel: Wenn sie sich einem Kranken gegenübersieht und ihren Kopf von ihm abwendet, so bedeutet das, daß keine Hoffnung mehr besteht. Blickt sie ihn jedoch an, wie sie es mit dir tat, so heißt dies, daß der Kranke nicht stirbt. Vielmehr: er wird gesunden.«
Wie die feinfühlige Lerche so beachtet die Liebe zur Tugend nicht Böses und Trauriges – sie lebt nur mit Gutem und Edlem zusammen. Des Vogels Heimat ist der blühende Wald, die Heimat der Tugend das Menschenherz.
Die wahre Liebe offenbart sich in der Not und ist wie ein Licht, das um so heller strahlt, je dunkler die Nacht ist.

Der Schnee

Auf dem Gipfel eines sehr hohen Berges befand sich ein Fels; auf der Spitze dieses Felsens lag einmal ein wenig Schnee.
Das Universum ringsum betrachtend, begann dieser Schnee nachzudenken und sprach bei sich:
»Gewiß sagt man, ich sei überheblich und stolz, und ich verdiene das! Wie ist es nur möglich, daß ein bißchen Schnee, eine Schneeflocke wie ich, hier oben ist, so hoch erhoben, und es ohne Scham erträgt, daß aller übriger Schnee, der keineswegs mit einem Blick über dieses Gebirge zu erfassen ist, dagegen so viel tiefer wohnt? Eine Schneeflocke verdient nicht diese erhabene Höhe, und es ist nur gerecht, daß auch ich, um meiner Nichtigkeit besser bewußt zu werden, begreife, was gestern die Sonne meinen Gefährtinnen, den anderen Schneeflocken, antat: Sie zerstörte sie mit einem Blick. Auch diese hatten sich höher erhoben, als ihnen anstand. Ich aber will den gerechten Zorn der Sonne vermeiden und auf einen Platz ausweichen, der meiner Kleinheit besser ansteht.«
Mit diesen Worten ließ sich die vor Kälte erstarrte Schneeflocke vom Felsen fallen und rollte vom höchsten Gipfel des Berges hinab. Aber je tiefer sie rollte, desto mehr wuchs ihr Umfang. Ein Hauch Schnee wurde rasch ein großer Ball und schließlich, immer weiter rollend, zu einer Lawine. Ihr Lauf endete an einem Hügel, und die Lawine war nicht kleiner als der Hügel, welcher sie aufhielt.
So war dieser Schnee der letzte, der während des Sommers unter der schmelzenden Kraft der Sonne zerrann.
Diese Fabel sei denen gesagt, die sich erniedrigen, denn sie werden erhöht werden.

Der Fuchs und die Elster

Ein hungriger Fuchs, der unter einem Baum ruhte, vernahm eines Tages einen Schwarm lärmender Elstern.
Unauffällig begann der Fuchs, sie zu beobachten, und bemerkte, daß die Vögel immerfort auf der Suche nach Futter waren und keine Furcht zeigten, sich niederzulassen und Nahrung zu picken, sogar von den Körpern toter Tiere.
»Probieren wir's«, sprach der Fuchs zu sich und öffnete allmählich und geräuschlos das Maul. Er tat, als sei er tot.
Bald darauf sah eine Elster dies und stürzte sich sogleich vom Baum.
Sie näherte sich dem Fuchs und begann, in die Zunge des Totgeglaubten zu picken.
So ließ sie den Kopf im Maul des Fuchses wie in einem Fangeisen.

Die Spinne im Schlüsselloch

Eine Spinne beschloß, nachdem sie von innen und außen das ganze Haus durchforscht hatte, sich in einem Schlüsselloch zu verstecken.
Welch idealer Zufluchtsort! Wer hätte sie je entdeckt, hier drinnen?
Weiß Gott, sie hätte sich am Rande des Schlüssellochs zeigen und alles übersehen können, ohne irgendwelche Gefahr zu laufen.
»Da unten«, sprach sie bei sich, verstohlen die Steinschwelle betrachtend, »werde ich ein Netz für die Fliegen spannen; hier oben«, fügte sie, die Stufe erforschend, hinzu, »spanne ich ein anderes für die Raupen. Hier, nahe am Türklopfer, werde ich eine kleine Mückenfalle aufstellen.«
Die Spinne frohlockte. Das Schlüsselloch gab ihr eine neue und ungewohnte Sicherheit; so eng, dunkel, eisengefüttert schien es uneinnehmbarer als eine Festung, sicherer als irgendein Panzer.
Während sie in diesen Gedanken schwelgte, drang ein Geräusch von Schritten an ihr Ohr. Also zog sie sich klug in ihren Schlupfwinkel zurück. Irgend jemand blieb vor der Türe stehen, um ins Haus einzutreten. Ein Schlüssel rasselte, drang ins Schlüsselloch und zerquetschte die Spinne.

Der Stieglitz

Als der Stieglitz mit einem kleinen Wurm im Schnabel ins Nest zurückkehrte, fand er seine Jungen nicht mehr. Irgend jemand hatte sie während seiner Abwesenheit geraubt.

Der Stieglitz begann jammernd und klagend, sie überall zu suchen. Der ganze Wald tönte wider von seinen verzweifelten Rufen; aber niemand antwortete ihm.

Eines Tages sagte ihm ein Fink: »Ich glaube, ich habe deine Jungen am Haus des Bauern gesehen.«

Der Stieglitz brach voller Hoffnung auf, und schon bald kam er zum Hause des Bauern. Er setzte sich aufs Dach: Da war niemand. Er flog auf die Tenne: Sie war leer.

Aber als er seinen Kopf hob, sah er draußen am Fenster einen Käfig befestigt. Darin waren seine Jungen. Gefangene.
Als er sie so kläglich piepsend an die Stäbe des Käfigs gedrängt sah, bittend, sie zu befreien, versuchte er, mit Schnabel und Krallen die Gitter des Gefängnisses zu zerbrechen – aber vergebens.
Darauf verließ er sie mit lautem Klagen.
Am Tage darauf kehrte der Stieglitz zu dem Käfig zurück, in dem seine Jungen waren. Er betrachtete sie. Darauf fütterte er einen um den anderen zum letztenmal durch das Gitter.
Tatsächlich hatte er seinen Kindern ein giftiges Kraut gebracht, an dem die kleinen Vögel starben.
»Besser tot«, sagte er, »als die Freiheit verlieren.«

Der Pfirsichbaum

Ein Pfirsichbaum, der neben einem Nußbaum lebte, betrachtete voll Neid die mit Nüssen beladenen Zweige seines Nachbarn.
Warum darf er so viele Früchte tragen, dachte er, und ich so wenige? Das ist nicht gerecht. Ich will versuchen, es ihm gleichzutun.
»Übernimm dich nicht«, sagte ein junger Pflaumenbaum, der seine Gedanken las. »Siehst du nicht, was für mächtige Zweige der Nußbaum hat, was für einen Stamm? Jeder muß seiner Kraft gemäß geben. Denke daran, gute Pfirsiche zu geben. Nicht die Quantität, die Qualität wiegt!«
Aber der Pfirsichbaum platzte vor Neid und wollte nicht hören. Er hieß seine Wurzeln, mehr Substanz aus der Erde zu ziehen, seine Fasern, mehr Saft aufzunehmen, seine Zweige, mehr Blüten zu treiben, seine Blüten, sich in mehr Früchte zu verwandeln, bis er schließlich, als seine Zeit kam, von Kopf bis Fuß mit Pfirsichen beladen war.
Aber die reifenden Pfirsiche nahmen zu an Gewicht, und die Zweige konnten sie nicht mehr tragen; auch der Stamm konnte alle diese von Pfirsichen überfüllten Zweige nicht mehr halten. Ächzend bog sich der Pfirsichbaum, und dann, mit großem Krachen, spaltete sich der Stamm, und alle Pfirsiche rollten dem Nußbaum vor die Füße.

Die Löwin

Die Jäger, bewaffnet mit Lanzen und spitzen Spießen, näherten sich leise. Die Löwin, die gerade ihre Jungen säugte, witterte den Geruch und zugleich die Gefahr.
Aber nun war es zu spät, die Jäger waren ganz nahe und bereit, sie zu erlegen.
Angesichts ihrer Waffen wollte die Löwin erschreckt fliehen, aber zugleich wußte sie, daß ihre Flucht die Jungen in die Hand der Jäger fallen ließe. Zu ihrer Verteidigung entschlossen, senkte sie den Blick, um die bedrohlichen Eisen nicht zu sehen, und mit einem verzweifelten Satz landete sie inmitten der Jäger und schlug sie in die Flucht.
Ihr großer Mut rettete sie und ihre Jungen.

Makellos weiß ist der Schwan
und süß sein Gesang,
wenn sein Leben sich dem Ende zuneigt.

Der Schwan

Der Schwan neigte den biegsamen Hals aufs Wasser und spiegelte sich lange.
Da begriff er die Ursache seiner Müdigkeit und dieser Kälte, die seinen Körper wie mit Zangen griff und zittern machte wie im Winter: mit absoluter Gewißheit wußte er, daß seine Stunde geschlagen hatte und daß er zum Sterben bereit sein mußte.
Seine Federn waren noch weiß wie am ersten Tag seines Lebens. Er hatte Jahre und Jahreszeiten durchmessen, ohne sein unbeflecktes Kleid zu beschmutzen. Jetzt konnte er Abschied nehmen und sein Leben in Schönheit beschließen.
Den schönen Hals hebend, steuerte er langsam, fast feierlich unter eine Trauerweide, wo er an heißen Tagen zu ruhen pflegte. Es war schon Abend. Der Sonnenuntergang verfärbte das Seewasser purpurn und violett. Und in dem großen Schweigen, das sich auf alles niedersenkte, begann der Schwan zu singen.
Niemals zuvor hatte er Töne so voller Liebe für alle Natur, für die Schönheit des Himmels, des Wassers und der Erde gefunden. Sein süßester Gesang verschwebte in der Luft, von Schwermut umflort, bis er sich leise, leise verlor, eins mit dem letzten Licht des Horizontes.
»Es ist der Schwan«, sagten bewegt die Fische, die Vögel, alle Tiere des Waldes und der Wiesen, »es ist der Schwan, der stirbt.«

Die Auster
und der Krebs

Eine Auster war verliebt in den Mond. Wenn der Vollmond am Himmel erglänzte, blieb sie stundenlang mit geöffnetem Mund und staunte ihn an. Ein Krebs näherte sich von seinem Beobachtungsposten aus dieser Auster, die sich auftat in der Vollmondnacht, und gedachte, sie zu verspeisen. In der folgenden Nacht, als die Auster sich wieder öffnete, warf der Krebs ein Steinchen in ihr Inneres, und als die Auster sich zu schließen versuchte, hinderte der Stein sie daran. So geschieht dem, der den Mund auftut, um sein Geheimnis preiszugeben: Da ist immer irgendein Ohr.

Der Feigenbaum

Da war einmal ein Feigenbaum, der keine Früchte trug.
Alle gingen an ihm vorbei, aber niemand beachtete ihn.
Zum Frühling sprossen auch ihm die Blätter, aber im Sommer, als die anderen Bäume von Früchten strotzten, zeigte sich an seinen Zweigen nicht eine Frucht.
»Ach, daß ich auch gelobt würde von den Menschen«, seufzte der Feigenbaum, »und daß ich es schaffte, fruchtbar zu sein wie die anderen!«
Versuch um Versuch. Schließlich, eines Sommers, fand auch er sich voller Früchte. Die Sonne ließ sie wachsen, sie schwollen, füllten sich mit Süße. Die Menschen kamen und staunten. Niemals zuvor hatten sie einen Feigenbaum so fruchtbeladen gesehen; und plötzlich eilten sie um die Wette zu dem sonst einsamen Baum. Sie erkletterten den Stamm, mit Stangen bogen sie die höheren Zweige, brachen diese durch ihr Gewicht ab: Alle wollten die köstlichen Feigen kosten, und bald fand sich der arme Feigenbaum gebeugt und zerstört wieder.

Die Spinne und die Traube

Eine Spinne, die für viele Tage die Bewegungen der Insekten studiert hatte, bemerkte, daß die Fliegen sich besonders um eine Weintraube mit großen und süßen Beeren sammelten.
»Ich habe verstanden«, sagte sie bei sich.
Sie kletterte also zur Spitze der Rebe, von dort am zarten Faden herunter zur Traube und richtete sich in einem Winkel zwischen den Beeren ein. Von diesem Versteck aus überfiel sie die armen Fliegen, die Nahrung suchten. Sie tötete viele, weil keine ihre Anwesenheit vermutete.
Aber schon kam der Augenblick der Rache.
Der Bauer kam aufs Feld, griff sich diese Traube und warf sie in die Bütte, wo sie sofort mit den anderen Trauben zerquetscht wurde.
So wurde die Rebe zur Falle für die betrügerische Spinne, die gemeinsam mit den betrogenen Fliegen endete.

Die Lilie

Am grünen Ufer des Flusses Ticino stand einst eine schöne Blume: eine Lilie. Hoch und schlank auf dem Stiel, spiegelte die Blume ihre weißen Blütenblätter im Wasser, und das Wasser hätte sie gern besessen.

Jede Welle, die vorbeirauschte, trug mit sich das Bild dieser weißen Blumenkrone und reichte die eigene Sehnsucht weiter an die Wellen, die noch kommen mußten, um sie zu sehen.

So begann der ganze Fluß zu beben, die Wellen wurden unruhig und stürmisch; und weil sie die Lilie, fest gepflanzt im Boden und so hoch auf starkem Stiel, nicht erreichten, warfen sie sich wütend gegen das Land, bis das Hochwasser das ganze Ufer fortriß, mitsamt der reinen und einsamen Lilie.

Der Esel und das Eis

Es war einmal ein müder Esel, der vermeinte, nicht mehr bis zum Stall gehen zu können.
Es war Winter und sehr kalt; alle Straßen waren vereist.
»Ich bleibe hier«, sagte der Esel und ließ sich zu Boden fallen.
Ein kleiner, hungriger Spatz näherte sich ihm und flüsterte ihm zu: »Esel, du bist nicht auf der Straße, sondern über einem zugefrorenen See. Gib acht!«
Der Esel, schläfrig, gähnte genüßlich und schlief ein.
Aber seine Körperwärme begann nach und nach das Eis aufzutauen, bis es mit einem Krachen brach.
Als sich der Esel im Wasser wiederfand, fühlte er sich doch sehr beunruhigt.
Aber jetzt war es zu spät, und er ertrank.

Der Lorbeer und die Myrte

Zwei Bauern, die Beile in den Händen hielten, blieben am Birnbaum stehen.
»Birnbaum«, rief der Lorbeer, »sie kommen deinetwegen!«
Die Bauern faßten die Äxte fester und begannen tatsächlich, das Stammende zu behauen, um den Baum zu fällen.
»Birnbaum«, rief darauf die Myrte, »wohin gehst du? Wo ist der Stolz, den du hattest, als deine Zweige voller Früchte hingen?«
»Jetzt«, fügte der Lorbeer hinzu, »wirst du keinen Schatten mehr mit deiner dichten Krone spenden.«
Der Birnbaum, zu Tode getroffen, murmelte:
»Ich gehe mit diesen Bauern, die mich fällen, um mich in die Werkstatt eines ausgezeichneten Bildhauers zu bringen. Dieser wird mir durch seine Bildhauerkunst die Form des Gottes Jupiter geben; sie werden mich in einen eigens für mich errichteten Tempel tragen, und alle Menschen werden mich anbeten. Und du, Lorbeer, und du, Myrte, ihr seid zu gebrochenen und beschnittenen Zweigen verurteilt, denn die Menschen werden kommen und euer Laub nehmen, um mich damit zu krönen und mir die Ehren zu erweisen, die sie einem Gotte schuldig sind.«

Das Kamel

Das Kamel wartete geduldig auf den Knien, daß sein Herr aufhöre, es zu beladen. Ein Sack, zwei Säcke, drei, vier...
»Wann wird er aufhören?« fragte es sich.
Am Ende schnalzte der Mann mit der Zunge, und das Kamel erhob sich.
»Gehen wir«, sagte der Herr und zog am Halfter. Aber das Kamel bewegte sich nicht.
»Los, vorwärts!« rief der Mann und ruckte an dem Seil. Aber das Kamel stemmte die Füße in den Boden und blieb unbeweglich stehen.

»Ich habe verstanden«, sagte der Herr, und mit einem Seufzer nahm er zwei Säcke von der Kruppe herunter.
»Jetzt scheint mir das Gewicht vernünftig«, murmelte das Kamel und setzte sich in Gang.
Sie marschierten flotten Schrittes den ganzen Tag, und der Mann hoffte, bald im Dorf zu sein. Doch an einem bestimmten Punkt hielt das Kamel wiederum.
»Los«, sagte der Herr, »noch ein paar Meilen, und wir sind daheim.«
Das Kamel antwortete darauf, indem es sich niederlegte.
»Meine Beine«, sprach es zu sich, »sagen mir, daß wir für heute genug gelaufen sind.«
Und der Mann sah sich genötigt, abzuladen und die ganze Nacht neben dem Kamel in der Wüste zu biwakieren.

Die bestrafte Zunge

Es war einmal ein Junge, der hatte die Angewohnheit, über alles Maß hinaus zu reden.
»Welche Zunge!« seufzten eines Tages die Zähne. »Sie steht nicht still, sie gibt nicht Ruhe!«
»Was habt ihr zu murmeln?« antwortete hochmütig die Zunge. »Ihr Zähne seid nur Diener, beauftragt zu kauen, was ich auswähle. Zwischen uns gibt es nichts Gemeinsames, und ich erlaube euch nicht, euch in meine Angelegenheiten zu mischen.«
So fuhr der Junge zu reden fort, einfach so vor sich hin, während seine Zunge in eitler Wonne jeden Tag Bekanntschaft mit neuen Worten machte.
Aber eines Tages, als der Junge, nachdem er einen Schaden angerichtet hatte, seiner Zunge eine dicke Lüge zu sagen erlaubte, gehorchten die Zähne dem Herzen, machten sich selbständig und bissen die Zunge.
Diese rötete sich vom Blut, und der Junge seinerseits errötete vor Scham und Reue.
Von diesem Tag an wurde die Zunge vorsichtig und klug, und bevor sie etwas sagte, bedachte sie sich zweimal.

Die Auster und die Maus

Eine Auster fand sich mit anderem Meeresgetier im Hause eines Fischers wieder, unweit des Meeres.
Hier sterben wir alle, dachte die Auster beim Anblick ihrer Gefährten, die am Boden nach Luft schnappten.
Da kam eine Maus vorbei. »Höre, Maus!« sagte die Auster. »Würdest du mich bitte ans Meer tragen?«
Die Maus sah, daß es eine schöne, fette Auster war, die gutes Fleisch enthalten mußte.
»Gewiß«, erwiderte die Maus und war entschlossen, die Auster zu fressen, »aber du mußt dich öffnen, weil ich dich so geschlossen nicht tragen kann.«
Die Auster öffnete sich vorsichtig, und die Maus zwängte das Schnäuzchen dazwischen, um die Auster mit den Zähnen zu packen. Aber in ihrer Hast verfuhr sie zu auffällig, die Auster schloß sich wie eine Falle um den Kopf der Nagerin. Die Maus schrie. Die Katze hörte es. Mit einem Satz war sie zur Stelle und verzehrte die Maus.

Eine Maus, ein Wiesel und eine Katze

An diesem Morgen konnte die kleine Maus nicht aus ihrem Haus: es war belagert.
Ein hungriges Wiesel lauerte ihr am Schlupfloch auf; von einem Spalt aus bemerkte sie das Wiesel, wie es gespannt die Öffnung überwachte, um sich auf sie zu stürzen.
Das Mäuschen war sich der großen Gefahr bewußt und zitterte am ganzen Leibe vor Furcht.
Eine Katze jedoch stürzte sich unversehens auf das Wiesel, packte es am Genick und machte ihm den Garaus.
»Oh, Jupiter, ich danke dir!« seufzte das Mäuschen, das von seinem Loch aus die Szene beobachtet hatte, »ich opfere dir gern ein paar von meinen Kernen!«
So, nach demütig erwiesenem Opfer, verließ die Maus ihr Versteck rasch, um die verlorene Freiheit wiederzufinden. Freilich – nur für einen Augenblick, weil die Ärmste ihre Freiheit zugleich mit dem Leben unter den reißenden Zähnen der Katze verlor.

Der Kranich

Der König war gut, und doch hatte er viele Feinde. Die Kraniche, ihm aufrichtig ergeben, standen in Treue zu ihm. Immer war es ja möglich, zumal in der Nacht, daß die Feinde den Palast umzingelten, um sich des Herrschers zu bemächtigen.
»Was tun?« fragten sie sich. »Die Soldaten schlafen sich aus, anstatt zu wachen; auf seine Hunde, die oft auf der Jagd und dann immer müde sind, ist ebenfalls kein Verlaß. Es fällt uns zu, den Palast zu bewachen und unseres Königs Schlaf und Traum zu schützen.«
Und so beschlossen die Kraniche, Wachen zu bilden, sich in Gruppen aufzugliedern und jedem einen Abschnitt zuzuweisen, der in geordneter Reihenfolge überwacht würde.
Die stärkste Gruppe verteilte sich längs der Wiese, welche den Palast umgab; eine andere Gruppe staffelte sich vor allen Eingangspforten; eine dritte schließlich beschloß, sich in der Kammer des Königs aufzuhalten, um ihn sehenden Auges überwachen zu können.
»Und wenn der Schlaf über uns kommt?« fragte einer.
»Gegen den Schlaf«, antwortete der höchste Kranich, »werden wir folgendes Mittel verwenden: Wir werden alle einen Stein mit dem Fuß umkrallen und ihn hochhalten während des Wachdienstes. Wenn einer von uns einschlafen sollte, fiele der Stein zu Boden und würde ihn aufwecken.«
Seit diesem Tag wechseln sich die Kraniche alle zwei Stunden in der Wache für den König ab. Keiner hat bisher seinen Stein fallen lassen.

Die Elefanten

Der mächtige Elefant besitzt von Natur, was sich unter den Menschen sehr spärlich findet: Ehrenhaftigkeit, Klugheit und Gerechtigkeitssinn.
Die Elefanten sind fromm; und sie zeigen das bei jedem Neumond: Um ihn feierlich zu begrüßen, steigen sie in den Fluß und nehmen lange Waschungen vor. Wenn sie krank sind, legen sie sich auf die Erde und rupfen mit dem Rüssel Blumen und Kräuter, werfen sie in die Höhe, gegen den Himmel, als brächten sie ein Bittopfer dar. Wenn sie im Alter die Stoßzähne verlieren, so begraben sie diese.
Gewöhnlich gebrauchen sie den einen Zahn, um die Wurzeln auszuheben, von denen sie sich nähren, während sie den anderen für den Kampf verwenden. Wenn sie von den Jägern umzingelt sind und sich für einen erfolgreichen Widerstand zu schwach fühlen, schlagen sie die Stoßzähne so lange gegen die Bäume, bis sie ausbrechen. Sie wissen, daß die Menschen sie nur töten, um sich in den Besitz ihrer Zähne zu setzen. Und so handelnd, retten sie ihr Leben.
Eines Tages fand ein Elefant einen Mann, der im Walde umherirrte. Er näherte sich ihm, lud ihn ein, ihm zu folgen, und half ihm, die Straße wiederzufinden. Ein andermal sah er nur Fußspuren, und einen Hinterhalt fürchtend, verhielt er schnaubend und zeigte die Abdrücke seinen Gefährten. Und so setzten sie gemeinsam und mit Vorsicht ihren Weg fort.
Gewöhnlich leben sie in Herden, vom Ältesten angeführt, während der Zweitälteste am Schluß der Herde geht.
Sie haben großes Schamgefühl und paaren sich nur bei Nacht und im Verborgenen. Nach der Paarung kehren sie zur Herde zurück, aber nicht, ohne sich zuvor im Fluß gebadet zu haben.
Sie kämpfen nie um die Weibchen, wie viele andere Tiere es tun, und mit den Schwächeren gehen sie wohlwollend um. Wenn sie anderen Herden oder Tieren begegnen, so schaffen sie Platz mit dem Rüssel, um niemanden zu stoßen. Sie tun keinem weh, es sei denn, sie würden gereizt.
Einst fiel ein Elefant in eine Falle. Daraufhin begannen alle Mitglieder der Herde, Zweige und Steine in die Grube zu werfen, um den Boden zu erhöhen und dem Gefährten dadurch zur Rettung zu verhelfen.
Wenn sie Schweine schreien hören, fürchten sie sich.
Sie lieben die Flüsse und tummeln sich immer wieder an ihren Ufern, aber

sie können nicht gut schwimmen – sie sind zu schwer. Sie fressen sogar Steinbrocken, besonders aber dienen Bäume ihnen zur Nahrung. Sie hassen die Ratten. Fliegen dagegen werden von ihrem Geruch angelockt. Aber wenn diese sich auf ihrer Haut niederlassen, runzeln sie die Haut und töten sie dadurch.

Wenn sie einen Fluß überqueren wollen, schicken sie die Jungen stromab in flacheres Wasser, während die Älteren stromauf gehen und mit ihrer gewaltigen Masse einen Damm bilden, der die Strömung bricht und das Wasser hindert, ihre Kleinen fortzureißen.

Der ärgste Feind des Elefanten ist der Drache. Er greift ihn an, indem er sich unter seinen Bauch wirft: Mit dem Schwanz bindet er ihm die Füße, und mit den Flügeln und Klauen krallt er sich in den Leib ein, während er ihm mit seinen Zähnen die Gurgel zerfleischt.

Aber der Elefant schüttelt sich und stürzt schließlich mit seinem Gewicht auf den Drachen und erdrückt ihn. Und so rächt er sich sterbend an seinem Mörder.

Die Kastanie und der Feigenbaum

Ein alter Kastanienbaum sah eines Tages einen Mann auf einem Feigenbaum. Dieser Mann bog die Zweige zu sich, löste die reifen Früchte ab, steckte eine nach der anderen in den Mund und zerkaute sie.
Und die Kastanie, mit unmutigem Murren, sprach:
»Ach, Feige, wieviel weniger als ich verdankst du doch der Mutter Natur! Siehst du, wie sie mit mir verfuhr? Wie sie meine Kinder wohl umsorgt und geschützt hat, zuerst mit einem feinen Hemd, darüber dann mit einem Rock von fester und gefütterter Schale? Und nicht genug mit solcher Fürsorge hat sie für diese auch noch ein festes Gehäuse konstruiert und darauf so scharfe und spitze Dornen gepflanzt, daß sie vor den Händen des Menschen sicher sind!«
Als der Feigenbaum das hörte, begann er mit allen seinen Feigen zu lachen, und nachdem er sich ausgelacht hatte, sprach er folgendermaßen:
»Aber kennst du denn den Menschen nicht? Er ist so geschickt, daß er dich dennoch aller deiner Früchte beraubt. Bewaffnet mit Stangen, Stöcken und Steinen, rückt er deinen Zweigen zuleibe, bringt alle deine Früchte zum Fallen, und wenn sie gefallen sind, zerstampft und zerteilt er sie, um sie aus dem Gehäuse zu vertreiben, das so gut mit Stacheln bewehrt ist; und deine Söhnchen kommen übel zugerichtet, zerplatzt und verbeult heraus. Ich dagegen werde mit Zartgefühl behandelt, ich werde nur mit den Händen berührt.«

Die Pflanze und der Pfahl

Eine Pflanze, die üppig blühend himmelan wuchs mit ihrem Federbusch von zarten Blättern, ertrug nur schwer neben sich die Anwesenheit eines vertrockneten alten Pfahles.
»Pfahl, du kommst mir zu nahe! Könntest du nicht beiseite gehen?«
Der Pfahl tat, als ob er nicht gehört hätte, und antwortete nicht.
Darauf wandte sich die Pflanze an die Dornenhecke, welche sie umgab: »Hecke, könntest du dir nicht einen anderen Ort suchen? Du langweilst mich.«
Die Hecke tat, als ob sie nicht gehört hätte, und antwortete nicht.
»Schöne Pflanze«, sagte schließlich eine Eidechse, ihr Häuptchen hebend und von oben auf sie herabsehend, »siehst du nicht, daß der Pfahl dich aufrecht stehen macht? Begreifst du nicht, daß die Hecke dich gegen schlechte Gesellschaft schützt?«

Der Ibis

Dieser Vielfraß von einem Ibis! Jetzt, da er laufen gelernt hatte und fliegen konnte, kannte er kein Halten mehr. Immer war er auf der Suche nach Fressen und schluckte gierig alles, was ihm vor den Schnabel kam, ohne Unterschied und Maß.
Eines Morgens blieb der junge Ibis – aus gutem Grund – im Nest; er hatte Fieber und arge Leibschmerzen.
Seine Mutter kam eilends zu ihm, betrachtete ihn besorgt, betastete ihn mit dem Schnabel und mit den Klauen und sagte schließlich:

»Ich weiß schon. Hast irgend etwas gefressen, was du nicht solltest, weil du ein Vielfraß bist, und nun macht dir das zu schaffen!«
Nach diesen Worten ging die Mutter an den Teich und füllte sich den Hals mit Wasser, ging zum Nest und herrschte den Sohn an:
»Dreh dich um!«
Und mit dem langen Schnabel gab sie ihm ein Klistier.

Die Flammen

Seit mehr als einem Monat flackerten in dem Ofen der Glashütte, wo sie Flaschen und Gläser brannten, die Flammen.
Eines Tages sahen sie eine Kerze, hochauf von einem schönen Kerzenhalter leuchtend, die sich ihnen näherte. Plötzlich mühten sie sich mit großer Begier, dieser süßen Flamme noch näher zu kommen.
Eine Flamme vor allem, die aus einem Holzscheit züngelte, das sie nährte, drehte und wand sich, warf sich dann, durch einen schmalen Spalt dringend, auf die Kerze und verzehrte sie voller Verlangen.
Aber, indem sie dies tat, schrumpfte die gefräßige Flamme ganz rasch auf das Ende der armen Kerze zusammen, und weil sie mit dieser nicht sterben wollte, suchte sie zurückzukehren in den Ofen, dem sie entwichen war.
Es gelang ihr jedoch nicht, sich am weichen Wachs festzuhalten, und vergeblich suchte sie Hilfe bei den anderen Flammen.
Jammernd und weinend verwandelte sie sich in müden Rauch und ließ alle ihre Schwestern im Glanz eines langen und schönen Lebens.

Das Rasiermesser

Es war einmal im Laden eines Barbiers ein schönes Rasiermesser. Eines Tages, als niemand im Laden war, verspürte es Lust, sich einmal umzusehen; und indem es die Klinge aus dem Griff löste, in welchem es wie in einer Hülse ruhte, begann es sich des schönen Frühlingswetters zu freuen. Als das Rasiermesser sah, wie die Sonne sich in seinem Körper widerspiegelte, war es überrascht und erstaunt: Die stählerne Klinge sprühte so viel Glanz, daß das Rasiermesser in überschäumendem Stolz plötzlich zu sich sprach:
»Und ich soll zurückkehren in diesen Laden, aus dem ich ausgebrochen bin? Auf gar keinen Fall! Die Götter wollen nicht, daß eine Schönheit wie die meine sich auf diese Weise versteckt. Es wäre eine Torheit, dort zu bleiben, um die eingeseiften Haare dieser Dorftölpel zu schneiden, immer wieder die gleichen mechanischen Bewegungen wiederholend! Dieser mein edler Leib wäre für solche Übungen bestimmt? Ausgeschlossen! Eben darum werde ich mich an einem geheimen Ort verbergen, um mich in Ruhe der mir verbleibenden Tage zu erfreuen.«
Unter solchen Reden suchte das Rasiermesser ein Versteck und ward nicht mehr gesehen.
Es vergingen Monate. Eines Tages, als es ein wenig frische Luft schöpfen wollte, verließ das Rasiermesser sein Versteck, trat vorsichtig aus dem Griff und betrachtete sich.
O weh! Was war geschehen? Die Klinge war häßlich wie eine rostige Säge und spiegelte keinen Strahl Sonne wider.
Das Rasiermesser, erbittert und betroffen, beklagte den unersetzlichen Verlust, den es erlitten, und sprach:
»Oh, wieviel besser wäre es doch gewesen, meine schöne Klinge geschärft in der Übung zu halten und die eingeseiften Bärte zu schneiden! Meine Oberfläche wäre strahlend geblieben, meine Schneide hauchfein! Wie sehe ich jetzt aus: gerötet und verkrustet von dem häßlichen Rost! Und es gibt keine Abhilfe!«
Das gleiche betrübliche Ende des Rasiermessers ist auch den Personen bestimmt, die, anstatt Tugend zu üben, es vorziehen, sich dem Müßiggang zu ergeben. Auch sie, wie das Rasiermesser, verlieren die Schärfe und den Glanz ihres Talentes, und bald frißt sie der Rost der Unwissenheit.

Der Löwe

Die Grünschnäbel hatten die Augen noch nicht offen. Seit drei Tagen tapsten sie zwischen den Tatzen der Mutter Löwin hin und her, tasteten nach den Zitzen und waren unempfindlich für jeden Ruf.
Der Löwe betrachtete sie von der Seite.
Auf einmal erhob er sich, schüttelte die schöne Mähne und stieß ein mächtiges, weithin hallendes Gebrüll aus.
Die Jungen sperrten plötzlich die Augen auf; inmitten des anderen Wildes der Savanne flohen sie erschreckt davon.
Und wie der Löwe, der seine Jungen mit einem mächtigen Schrei weckt, so weckt das gerechte Lob die schlafenden Kräfte unserer Söhne. Indem wir sie anspornen, redlich zu studieren, halten wir von ihnen fern, was nicht schön und nicht gut ist.

Der Pelikan

Als der Pelikan zur Nahrungssuche aufbrach, machte sich die im Gebüsch versteckte Schlange auf den Weg zum Nest.
Die Jungen schliefen ruhig.
Die Schlange näherte sich, und mit einem tückischen Funkeln in den Augen begann sie ihr Gemetzel. Ein giftiger Biß für jedes, und die Ärmsten schieden unmittelbar vom Traum in den Tod.
Zufrieden kehrte die Mörderin in ihr Versteck zurück, um sich an der Rückkehr des Pelikans zu weiden.
Kurz darauf kehrte der Vogel zurück.
Beim Anblick seines Verlustes begann er zu weinen, und seine Klage war so verzweifelt, daß alle Bewohner des Waldes sie bewegt vernahmen. »Welchen Sinn hat mein Leben ohne euch?« rief der arme Vater und betrachtete seine ermordeten Kinder. »Auch ich will sterben, wie ihr!«
Und mit dem Schnabel begann er sich die Brust zu zerfleischen, gerade oberhalb des Herzens, so daß in Bächen das Blut aus der Wunde sprudelte und die von der Schlange getöteten Jungen benetzte.
Aber mit einem Mal hielt der todgeweihte Pelikan inne. Sein warmes Blut hatte den Jungen das Leben zurückgegeben, seine Liebe hatte sie ins Leben zurückgerufen.
Nun hauchte er, glücklich, sein Leben aus.

Die Ameise und das Weizenkorn

Ein Weizenkorn, das von der Ernte allein auf dem Feld übriggeblieben war, erwartete den Regen, um in die bergende Erde zurückzukehren. Eine Ameise entdeckte es, lud es auf und schleppte es mit großer Anstrengung zur weit entfernten Behausung.
Sie ging und ging, das Weizenkorn schien immer schwerer zu werden auf den müden Schultern der kleinen Ameise.
»Warum läßt du mich nicht liegen?« sprach das Korn.
Die Ameise antwortete: »Wenn ich dich liegen lasse, werden wir keine Vorräte für diesen Winter haben. Wir sind viele, wir Ameisen, und jede von uns muß in die Vorratskammer so viel bringen, wie sie nur findet.«
»Aber ich bin nicht nur geschaffen, um gegessen zu werden«, sagte das Weizenkorn darauf. »Ich bin ein Same, voll von Lebenskraft, und meine Bestimmung ist es, eine neue Pflanze wachsen zu lassen. Höre, liebe Ameise, machen wir einen Vertrag!«
Die Ameise war zufrieden, ein wenig ausruhen zu können, legte das Korn ab und fragte: »Was für ein Vertrag soll das sein?«
»Wenn du mich auf meinem Feld be-

läßt«, sagte das Korn, »und davon abstehst, mich in deine Behausung zu tragen, werde ich dir in einem Jahr hundert Körner meiner Art zurückerstatten.«
Die Ameise starrte ungläubig.
»Ja, liebe Ameise. Glaub, was ich dir sage! Wenn du heute auf mich verzichtest, werde ich mich dir hundertfach geben: Ich werde dir hundert Weizenkörner für dein Heim schenken.«
Die Ameise dachte: Hundert Körner im Tausch gegen ein einziges – das ist ein Wunder.
Sie fragte das Weizenkorn: »Und wie wirst du das machen?«
»Es ist ein Geheimnis«, antwortete das Korn. »Das Geheimnis des Lebens. Heb eine kleine Grube aus, begrab mich darin und komm nach einem Jahr zurück!«
Ein Jahr später kehrte die Ameise wieder.
Das Weizenkorn hatte sein Versprechen gehalten.

Der Wildbach

Ein Wildbach, der vergaß, daß er seine Wasser dem Regen und anderen Bächen verdankte, gedachte anzuschwellen, um groß und mächtig zu werden wie ein Fluß.
Er begann also, ungestüme Wellen gegen das Ufer zu werfen und voll Eifer Erde und Steine aufzuwühlen, damit sein Bett breiter würde.
Als jedoch plötzlich die Sonne wiederkam, fand sich der arme Wildbach gefangen von all den Steinen, die er am Uferrand aufgetürmt hatte, und mit großer Mühe mußte er sich eine neue Straße bahnen, um zu Tal zu gelangen.

Der Vogelbeerbaum

Der arme Vogelbeerbaum konnte nicht mehr. Jetzt, da sein Laub von neuem von dunklen Beeren strotzte, plünderten die aufdringlichen und frechen Amseln mit ihren Schnäbeln und Krallen alle seine Zweige.

»Bitte«, flehte der Vogelbeerbaum die lästigen Amseln an, »laßt mir wenigstens die Blätter. Ich weiß, daß euch meine Beeren sehr gut schmecken, sie sind eure Vorzugsspeise. Aber beraubt mich nicht der schattenden Blätter, die mich gegen die sengenden Strahlen der Sonne schützen, und zerschindet mich nicht mit euren Krallen, beraubt mich nicht meiner zarten Rinde.«

Auf diese Rede antwortete eine Amsel beleidigt:

»Schweig, du dürres Astgewirr! Weißt du nicht, daß die Natur dich diese Früchte hervorbringen ließ, um uns zu nähren? Siehst du nicht, daß du zur Welt kamst, um uns als Speise zu dienen? Weißt du Tölpel nicht, daß dich im nächsten Winter das Feuer fressen wird?«

Der Vogelbeerbaum hörte diese Worte mit äußerster Betrübnis und schwieg.

Bald darauf geriet die unverschämte Amsel in das Netz, das der Mensch aufgestellt hatte. Um den Vogel in einen Käfig zu sperren, nahm er Zweige. Auch solche vom Vogelbeerbaum lieferten ihm Stäbe dafür.

»Sieh da«, sagte darauf der Vogelbeerbaum, »ich bin noch da, und meine Zweige nehmen dir nun die Freiheit, mit der du mich mißhandelt hast. Ich bin noch nicht vom Feuer verzehrt, wie du mir androhtest: Ehe du mich brennen siehst, sehe ich dich endgültig in Gefangenschaft.«

Der Wolf

Vorsichtig, behutsam stieg der Wolf eines Nachts vom Walde herab, angezogen vom Geruch einer Herde. Mit zögernden Schritten näherte er sich dem vollen Schafstall, Obacht gebend, wohin er die Pfoten setze, um auch nicht durch das leiseste Geräusch den schlafenden Hund zu wecken.
Trotzdem setzte er die Pfote auf ein Brett, und das Brett knarrte.
Um sie für dieses Versehen zu strafen, hob der Wolf die Pfote, die sich vergangen hatte, und biß sie blutig.

Das Netz

Auch an diesem Tag war das Netz voller Fische: Karpfen, Barben, Rotaugen, Neunaugen, Schleie, Aale und viele andere endeten in den Körben der Fischer.

Drunten, im Wasser des Flusses, wagten die Überlebenden, entmutigt und erniedrigt, sich kaum zu bewegen. Ganze Familien waren schon zum Markt gebracht worden, ganze Arten ins Netz gegangen oder bereits in der Pfanne gestorben. Was tun . . . ?

Einige junge Gründlinge versammelten sich hinter einem großen Stein und beschlossen zu rebellieren.

»Hier geht es um Leben oder Tod«, sagten sie. »Dieses Netz, das jeden Tag und immer an einer anderen Stelle ins Wasser gelassen wird, um uns zu fangen und unserm Element zu entreißen, wird den Fluß entvölkern und uns alle ausrotten. Unsere Kinder haben jedoch ein Recht zu leben, und wir müssen etwas tun, um sie vor dieser Geißel zu bewahren.«

»Und was könnten wir tun?« fragte eine Schleie, die den Verschwörern gefolgt war.

»Das Netz zerstören!« antworteten die jungen Gründlinge einmütig.

Der mutige Entschluß, den schnellen Aalen anvertraut, verbreitete sich rasch über den ganzen Fluß und lud alle Fische für den nächsten Morgen zu einer gemeinsamen Aktion in einer Bucht ein, die von großen Weiden geschützt war.

Am folgenden Morgen fanden sich etwa tausend Fische jeglicher Art und jeden Alters ein, um dem Netz gemeinsam den Krieg zu erklären.

Die Leitung des Unternehmens wurde einem listigen alten Karpfen anvertraut, dem es schon zweimal gelungen war, der Gefangenschaft zu entkommen, indem er mit den Zähnen die Maschen des Netzes zerbissen hatte.

»Gebt gut acht!« sagte der Karpfen. »Das Netz ist so breit wie der Fluß, und jede Masche hat auf der Unterseite ein Stück Blei, welches sie zu Boden zieht. Teilt euch in zwei Gruppen: die eine wird die Bleistücke aufheben und an die Oberfläche tragen; die andere Gruppe wird die Maschen

des oberen Teils ganz ruhig festhalten. Die Neunaugen werden trachten, mit ihren Zähnen die Schnüre zu zerschneiden, die das Netz zwischen die beiden Ufer gespannt halten; die Aale werden sofort auf Erkundung gehen, um die Stelle auszumachen, wo das Netz ausgelegt wurde.«

Die Aale brachen auf. Die Fische, in Gruppen eingeteilt, versammelten sich längs der Ufer. Die Gründlinge ermutigten die schüchternsten, indem sie ihnen das traurige Ende vieler Gefährten ins Gedächtnis riefen und sie ermahnten, ohne Furcht in das Netz verstrickt zu bleiben, weil ja kein Mensch es mehr ans Ufer würde ziehen können.

Die spähenden Aale kamen zurück. Das Netz war ausgeworfen und befand sich eine Meile entfernt.

Daraufhin setzten sich alle Fische wie eine riesige Flotte in Bewegung, angeführt von dem alten Karpfen.

»Achtung«, sagte der Karpfen, »die Strömung könnte euch in das Netz treiben. Verlangsamt die Fahrt, manöveriert gut mit den Flossen!«

Und das Netz, grau, dunkel, erschien.

Die Fische, von einer unerwarteten Wut ergriffen, gingen zum Angriff über.

Das Netz wurde vom Grund aufgehoben, die Schnüre, die es spannten, wurden abgeschnitten, die Maschen zerrissen, aber die erzürnten Fische ließen die Beute nicht fahren. Jeder mit seinem Stück Masche im Maul, mit Flossen und Schwanz schlagend, so zogen sie in alle Richtungen, um das Netz zu zerfetzen und zu zerbeißen, und gewannen so in dem Wasser, das zu kochen schien, die verlorene Freiheit zurück.

Die Waldrebe

Im Schatten der Hecke wand die Waldrebe ihre grünen Ranken um die Stämme und Zweige des Weißdorn.
In der Höhe angelangt, sah sie um sich und erblickte einen anderen Weißdorn, der den gegenüberliegenden Teil der Straße flankierte.
»Wie würde ich es schön finden, bis dahin zu gelangen!« sagte die Waldrebe. »Jener Weißdorn ist größer und schöner als dieser.«
Und Stückchen für Stückchen, die Arme vorstreckend, näherte sie sich jeden Tag mehr dem gegenüber wohnenden Weißdorn. Endlich erreichte sie ihn, wand sich um einen Zweig und begann glücklich, ihn zu umgarnen.
Aber bald danach passierten Spaziergänger diese Straße und fanden sich unversehens diesem Zweig der Waldrebe gegenüber, der den Weg versperrte. Darum zerbrachen sie ihn mit den Händen, rissen ihn ab und warfen ihn in den Graben.

Der Schmetterling und das Licht

Ein umherstreifender bunter Falter steuerte eines Abends, im Dunkel hin und her flatternd, ein Licht an, das er in der Ferne sah. Plötzlich lenkte er die Flügel auf dieses zu, und als er der Flamme näher gekommen war, begann er, sie lebhaft zu umkreisen und wie ein großes Wunder zu bestaunen. Wie war sie schön!

Nicht zufrieden, den Bewunderer zu spielen, setzte der Falter sich in den Kopf, dasselbe mit ihr zu tun wie mit den duftenden Blumen: Er entfernte sich, er kehrte um und lenkte den Flug mutig gegen die Flamme, die er oberhalb streifte.

Er fand sich betäubt zu Füßen des Lichtes wieder und nahm mit Bestürzung wahr, daß ihm ein Fuß fehlte und seine Flügelspitzen angesengt waren.

»Was ist da geschehen?« fragte er sich, ohne eine Erklärung zu finden. Er vermochte absolut nicht zu begreifen, daß ihm von einer so schönen Sache wie der Flamme irgendein Übel geschähe; und deshalb schöpfte er Mut und setzte sich mit einem Flügelschlag wieder in Bewegung.

Er zog ein paar Schleifen und steuerte von neuem die Flamme an, um sich auf ihr niederzulassen. Und fiel verbrannt in das Öl, das die züngelnde Flamme nährte.

»Verfluchtes Licht«, seufzte der Falter, sein Leben beendend. »Ich glaubte, in dir mein Glück zu finden, und fand in Wahrheit den Tod. Ich weine über mein törichtes Verlangen, weil ich zu spät deine gefährliche Natur erkannt habe.«

»Armer Falter«, antwortete das Licht. »Ich bin nicht die Sonne, wie du naiv glaubtest. Ich bin nur ein Licht. Und wer mich nicht mit Klugheit behandelt, der verbrennt sich.«

Das Hermelin

Ein Fuchs war beim Fraß, als ein hübsches Hermelin vorbeikam.
»Darf ich etwas anbieten?« fragte der Fuchs, der satt war.
»Danke«, antwortete das Hermelin, »ich habe schon gespeist.«
»So, so«, lachte der Fuchs. »Ihr Hermeline speist nur einmal am Tag und bevorzugt zu fasten, ehe ihr euch das Kleid befleckt.«
In diesem Augenblick nahten die Jäger. Der Fuchs versteckte sich blitzschnell in einer Bodenwelle, und das Hermelin, nicht weniger schnell als der Fuchs, rannte zu seiner Höhle.
Aber die Sonne hatte den Schnee geschmolzen und die Höhle in einen Sumpf verwandelt. Das schneeweiße Hermelin zögerte, da es sich nicht beschmutzen wollte, und die Jäger trafen es tödlich.
Das Hermelin zieht es also vor zu sterben, ehe es seine Makellosigkeit befleckt.

Der Floh und der Hammel

Ein Floh, der im geschorenen Fell eines Hundes wohnte, spürte eines Tages einen angenehmen Geruch von Wolle.
»Was ist los?« Er machte einen kleinen Sprung und bemerkte, daß sein Hund auf dem Fell eines Hammels eingeschlafen war.
»Welch ein Pelz ist das gegen meinen!« sprach der Floh. »Er ist dicker und weicher, und vor allem ist er sicherer. Da besteht keine Gefahr, daß die Krallen und Zähne, die sich bemühen, mich zu erwischen, eindringen; und außerdem wird das Hammelfell gewiß auch wohnlicher sein.«
Damit, ohne weiter nachzudenken, wechselte der Floh seine Behausung: Er sprang vom Fell des Hundes in den Pelz des Hammels.
Aber – die Wolle war dicht, ganz dicht und dick, so daß es nicht leicht war, an die Haut heranzukommen.
Versuch um Versuch, in Geduld ein Haar vom anderen zu trennen und mit Mühe einen Durchgang zu öffnen – und schließlich gelangte der Floh an die Haarwurzeln. Aber diese standen so dicht, daß sie dem Floh keinen Raum ließen, durch den er die Haut hätte kosten können.
Müde, schwitzend und enttäuscht beschloß der Floh, zum Hund zurückzukehren; aber der war verschwunden.
Armer Floh! Seinen Irrtum bereuend, weinte er tagelang, um schließlich im dicken Hammelfell verhungert zu sterben.

Das Wasser

Eines Tages wurde das Wasser, das sich in seinem Element, das heißt im stolzen Meer befand, von dem Verlangen ergriffen, zum Himmel aufzusteigen.
Es wandte sich also an ein anderes Element, das Feuer, und bat um Hilfe. Das Feuer willigte ein, und mit seiner Hitze ließ es das Wasser leichter als die Luft werden und in hauchfeinen Dampf übergehen.
Der Dampf stieg zum Himmel, höher und höher, bis in die dünnsten und kältesten Schichten der Luft, wohin das Feuer nicht mehr folgen konnte. Darum wurden die Teilchen des Dampfes, welche vor Kälte erstarrten, gezwungen, sich miteinander zu verbinden, und darüber wurden sie wieder schwerer als die Luft. Sie waren, geschwellt vor Stolz, in den Himmel gestiegen und wurden nun in die Flucht geschlagen. Der Regen wurde von der dürstenden Erde getrunken: Lange Zeit blieb das Wasser im Boden gefangen und bezahlte seine Hoffahrt mit einer harten Buße.

Der Bauer und die Rebe

Der Bauer hat mich gern, dachte die Rebe, als der Landmann sie mit vielen Stecken und mit anderen Stützen befestigte und ihre Zweige hochband. »Ich muß ihm das mit vielen Trauben vergelten.«
So strengte sich die Rebe an und brachte viele Trauben hervor.
Aber nach der Weinernte entfernte der Bauer unversehens alle die Stecken und Stützen und warf sie seitlings auf einen Haufen. Ohne Halt und Stütze sank die arme Rebe zu Boden.
Der Bauer zerhackte die Stöcke gleichgültig mit seinem Beil, trug sie nach Hause und warf sie ins Feuer.

Stein und Feuerstein

Ein Stein, der eines Tages von einem Feuerstein geschlagen wurde, empörte sich überrascht und beleidigt, indem er sagte:
»Was fällt dir ein! Du hast mich wohl mit einem anderen verwechselt? Ich kenne dich überhaupt nicht. Laß mich in Ruhe. Ich habe niemandem etwas zuleide getan.«
Der Feuerstein sah ihn lächelnd an und sagte:
»Wenn du nur ein wenig Geduld hättest, würdest du sehen, was für eine erstaunliche Leistung du vollbringen kannst.«
Auf diese Worte hin ertrug der Stein mit großer Geduld das Martyrium, das der Feuerstein ihm durch seine Schläge zufügte. Schließlich brachte er jenes wunderbare Feuer zustande, welches mit seiner Kraft in vielen Dingen wirksam ist.
Diese Fabel ist für diejenigen erzählt, die zu studieren beginnen und den Stachel fürchten, der sie zwingt fortzufahren. Wenn sie jedoch ihre Bemühungen mit Geduld fortsetzen, werden sie erleben, daß daraus wunderbare Dinge hervorgehen.

Handschrift der Fabel vom Stein und dem Feuerstein aus dem »Codice Atlantico«

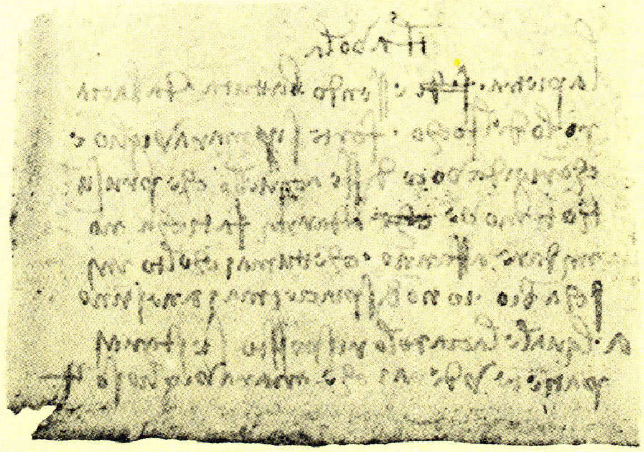

Der Stein, der von einem kräftigen Feuerstein geschlagen wurde, sagte empört zu seinem Peiniger: »Was veranlaßt dich dazu, mich so zu quälen? Mach mir doch nicht solchen Kummer, du hast mich wohl verwechselt. Ich habe niemandem etwas zuleide getan.«
Da antwortete der Feuerstein: »Warte doch ab, welch wunderbare Dinge aus dir hervorgehen können.«
Mit diesen Worten gab sich der Stein zufrieden, ertrug mit großer Geduld das Martyrium und sah zu seinem Erstaunen ein herrliches Feuer aus sich hervorgehen, das mit seiner Kraft zu unendlich großer Leistung fähig war.
Dies sei all jenen erzählt, die vor den Anforderungen eines Studiums zurückschrecken, damit sie sich dazu zwingen, geduldig in ihrer Arbeit fortzufahren, und endlich erkennen mögen, zu welch wunderbaren Leistungen sie imstande sind.

Der Pfau

Der Bauer schloß das Hoftor ab und ging. Er hoffte, bald zurückzukehren, aber die Tage verstrichen, ohne daß er sich wieder sehen ließ.
Die Tiere des Hofes litten Hunger und Durst; am Ende krähte nicht einmal der Hahn mehr. Alle standen unbeweglich, um keine Kräfte zu verbrauchen, im Schatten eines Baumes.
Nur der Pfau erhob sich auch an diesem Tag schwankend auf seine Füße, öffnete seinen großen, vielfarbigen Schwanz zum Fächer und begann, auf und ab zu stolzieren.
»Mama«, fragte ein mageres Hühnchen die Henne, »warum schlägt der Pfau jeden Tag sein Rad?«
»Weil er ein Geck ist, Töchterchen. Und die Eitelkeit ist ein Laster, das man nur mit dem Tod bezahlen kann.«

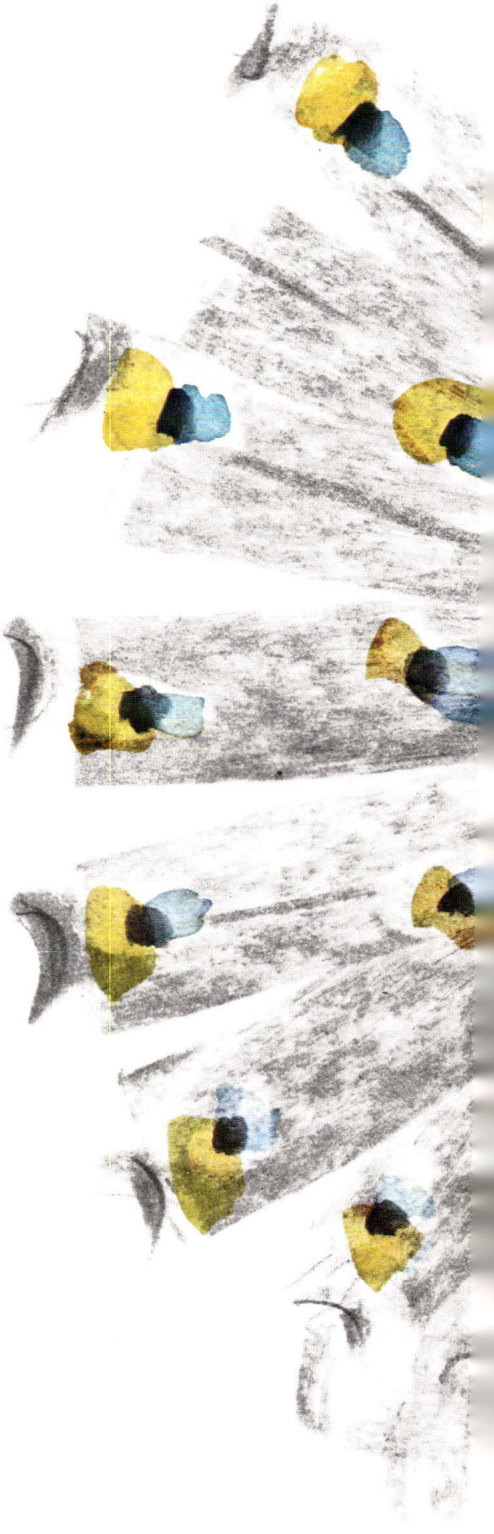

Der Geizhals

Jeden Tag spitzte die Kröte ihr Maul und griff mit den Zähnen ein wenig Erde.
»Warum bist du so mager?« fragte ein Marienkäfer sie eines Tages.
»Weil ich immer Hunger habe«, antwortete die Kröte.
»Aber wenn du dich nur von Erde ernährst«, rief das reizende Insekt, »warum ißt du dich nicht satt?«
»Weil eines Tages«, sprach der Geizhals kläglichen Tons, »auch die Erde verbraucht sein könnte.«

Der Stier

Ein Stier in Freiheit wütete unter den Herden. Die Hirten hatten keinen Mut mehr, das Vieh durch den Wald zur Weide zu bringen, aus dem plötzlich mit gesenktem Kopf die Bestie brach, um mit den Hörnern alles zu durchbohren, was ihr begegnete.
Die Hirten wußten freilich, daß das Tier die rote Farbe haßte, und darum entschlossen sie sich, ihm eine Falle zu stellen.
Sie befestigten ein rotes Tuch an dem starken Stamm eines Baumes und verbargen sich danach.
Der Stier, mit schnaubenden Nüstern, ließ nicht lange auf sich warten. Als er das rote Tuch sah, senkte er den Kopf, setzte sich in Bewegung, bohrte mit großem Krachen die Hörner in den Baum – und war gefangen. Und so töteten ihn die Hirten.

Die Nuß und der Kirchturm

Eine Krähe pickte eine Nuß auf und trug sie auf die Höhe eines Kirchturms. Die Frucht zwischen den Krallen, versuchte sie mit Schnabelhieben die Nuß zu öffnen; aber unversehens entrollte sie ihr und verschwand in einem Spalt des Mauerwerks.

»Mauer, gute Mauer!« flehte die Nuß, die glücklich war, aus dem tödlichen Schnabel der Krähe befreit zu sein. »Im Namen Gottes, der zu dir so gut gewesen ist, indem er dich so hoch und fest geschaffen hat und reich an schönen Glocken, die so herrlich tönen, hilf mir, habe Mitleid mit mir! Ich war ausersehen, unter die Zweige meines alten Vaters zu fallen, um mich auszuruhen in der fetten Erde, von gelben Blättern zugedeckt. Verlaß mich nicht, ich bitte dich. Als ich im rohen Schnabel der Krähe war, habe ich ein Gelübde getan: Wenn Gott mich daraus entrinnen läßt, verspreche ich, den Rest meiner Tage in einem kleinen Loch zu verbringen.«

Die Glocken warnten mit leichtem Murmeln die Mauer des Kirchtums, achtzugeben, weil die Nuß gefährlich werden könnte; aber die Mauer, von Mitleid bewegt, beschloß, sie zu beherbergen, und erlaubte ihr, in dem Spalt zu bleiben, in den sie gefallen war.

In kurzer Zeit nun begann die Nuß sich zu öffnen und ihre Wurzeln zwischen den Steinen zu entfalten, und die Wurzeln machten sich breit, indes die Zweige aus dem Spalt sprossen. Und die Zweige wuchsen, wurden stärker, sie erhoben sich hoch bis zur Turmspitze, und die Wurzeln, anwachsend und sich wölbend, begannen, das Mauerwerk zu sprengen und die Steine beiseite zu stoßen.

Zu spät begriff die Mauer, daß die Bescheidenheit der Nuß und ihr Gelöbnis, im Spalt verborgen zu bleiben, nicht aufrichtig waren, und sie bereute, den Glocken kein Gehör geschenkt zu haben.

Die Nuß wuchs weiter, herausfordernd und ungerührt, und die Mauer, die arme Mauer, fuhr fort, abzubröckeln und einzustürzen.

Der Fels und die Straße

Da war einmal ein großer und prächtiger Fels, der lange Zeit vom Wasser geglättet war. Nachdem das Wasser sich zurückgezogen hatte, war der Felsen an einem besonders hervorstechenden Blickpunkt frei zurückgeblieben, gerade dort, wo ein schattiges Wäldchen endete. Von da aus beherrschte er die steinige Straße, die unter ihm hindurchlief. Viele frische und duftende Büsche mit vielfarbigen Blüten leisteten ihm Gesellschaft.
Eines Tages nun, als der Fels die Straße betrachtete, über die viele Kieselsteine verstreut waren, um sie zu befestigen, kam ihm das Verlangen, sich herabfallen zu lassen.
»Was würde ich da unten erleben, inmitten dieser Kräuter? Ich will mit meinen Brüdern zusammen wohnen; das ist recht und billig.«
Mit solchen Worten bewegte sich der Felsblock, rollte herab, um seinen schwankenden Weg inmitten der Kieselsteine zu beenden, nach deren Gesellschaft er sich so gesehnt hatte.
Auf der Straße bewegte sich vielerlei: Wagen mit eisenbeschlagenen Rädern, stampfende Pferde, Bauern mit genagelten Schuhen, Herden und einzelnes Vieh, so daß sich der schöne Fels bald in lebhaftem Verkehr sah: der wendete ihn hier um, jener stieß ihn nach dort, hier schob man ihn ein Stück beiseite, einmal wurde er mit Schmutz bedeckt, das andere Mal mit dem Kot eines Tieres befleckt.
Aufblickend zu der Stelle, von der er aufgebrochen war, seufzte der Fels, klagte um die verlorene Einsamkeit und hatte, nun freilich vergebens, Sehnsucht nach dem ruhigen Frieden von einst.
Diese Fabel ist für diejenigen erzählt, die aus der Landschaft, in der sie friedlich im Grünen und in der Stille leben können, voller Torheit in die Stadt drängen: unter die Menge und deren zahllose Plagen.

Die Zeder unddieanderen Bäume

In einem Garten, zusammen mit vielen anderen Bäumen, wuchs eine herrliche Zeder. Zu jeder Jahreszeit mehrte sich ihre Schönheit; ihre Spitze ragte in den Himmel, über alle Bäume hinaus.

»Räumt mir diesen Nußbaum aus dem Weg!« sprach die hochmütig gewordene Zeder. Und der Nußbaum fiel.

»Fort mit diesem Feigenbaum!« sagte die Zeder weiter. »Er langweilt mich.« Und der Feigenbaum wurde gefällt.

»Befreit mich von diesen Apfelbäumen!« fuhr die Zeder fort, ihr Haupt in die Höhe reckend. Und die Apfelbäume wurden zum Mittag beseitigt.

So ließ die Zeder, ein ums andere Mal, alle anderen Bäume beseitigen, um alleiniger Herrscher des großen Gartens zu sein.

Aber eines Tags kam ein großer Wirbelsturm. Die so herrliche Zeder widerstand mit allen ihren Kräften und klammerte sich mit den langen Wurzeln an die Erde; aber der Sturm, dem keine anderen Bäume im Weg standen, bog sie und zerrte an ihr. Und schließlich streckte er sie mit einem Krachen zu Boden.

Der Falke und die Ente

Jedesmal, wenn er Jagd auf Enten machte, wurde der edle Falke zornig. Diese Enten kriegten es fertig, ihn zum Narren zu halten, indem sie im letzten Augenblick in das Wasser eintauchten und länger unter Wasser blieben, als er sich in der Luft halten konnte, um ihnen aufzulauern.
An diesem Morgen beschloß der Falke, sich zu beherrschen. Nachdem er mit ausgebreiteten Schwingen viele Kreise gezogen hatte, um die Lage auszumachen und nachdem er genau seine Jagdbeute bestimmt hatte, stürzte der edle Räuber wie ein Meteor hernieder. Aber die Ente, noch flinker, tauchte kopfüber hinweg.
»Dieses Mal kommst du mir nicht aus!« schrie der Falke erbost, und auch er tauchte ein.
Die Ente sah ihn unter Wasser, schnellte hinweg, tauchte wieder auf, spannte die Flügel und erhob sich zum Flug. Der Falke aber, mit triefenden Schwingen, vermochte nicht den Flug wiederaufzunehmen.
Aus der Höhe rief ihm die Ente zu:
»Adieu, Falke! Ich kenne mich wohl in deinem Himmel aus, du aber mußt in meinem Wasser scheitern!«

Die Flamme und der Kessel

Inmitten der verglimmenden Asche war ein Stück noch glühender Kohle übriggeblieben. Mit großer Enthaltsamkeit und Sparsamkeit verzehrte es, sich von dem unentbehrlichen Minimum nährend, seine letzten Energien, um nicht zu erlöschen.
Aber es war Zeit, die Suppe aufs Feuer zu tun, und deshalb wurde die Feuerstelle mit neuem Holz versehen. Ein Streichhölzchen erweckte das Scheit, das nun erloschen schien, von neuem mit seiner kleinen Flamme, und eine Feuerzunge schlüpfte zwischen das Holz, über dem der Kessel hing.
Anwachsend durch die trockenen Strünke, die darüber aufgehäuft waren, begann das Feuer sich aufzurecken, verjagte die Luft, die zwischen dem einen und anderen Holz schlummerte, und mit dem neuen Holz spielend, darüber und darunter hingleitend wie ein Weber, wuchs es mehr und mehr an.
Es begann schließlich, seine Zungen über das Holz hinaus auszustrecken, nach vielen Ausgängen suchend, aus denen es Irrgänger von rötlichen Funken sprühte. Die Schatten, die in die Küche drangen, wurden länger und flüchteten, und darüber wuchsen die Flammen an; immer ausgelassener mit der sie umgebenden Luft spielend, begannen sie, mit sanftem und süßem Knistern zu singen.
Das Feuer, das sich jetzt dem Holz entwachsen sah, begann seinen Sinn zu ändern: von gewohnter Milde und Ruhe zu aufgeblasener und unleidlicher Überheblichkeit: es bildete sich ein, aus diesen wenigen Hölzern das Geschenk der Flamme zu ziehen.
Schließlich schnaubte es, füllte mit Knallen und Flackern die Feuerstelle; es richtete seine große Flamme in die Höhe, um in einem leichten Flug zu vergehen und – endete an dem schwarzen Boden des Kessels.

Die Rebe und der alte Baum

Eine Rebe hatte, um sicherzugehen, sich in der Nähe eines alten Baumes eingerichtet. Ihre Gefährten, die gemeinsam mit Pfählen in der Erde des Bauern verankert waren, fragten sie:
»Aber warum hast du dir als Halt einen alten Baum ausgesucht? Wenn er stirbt, was tust du dann?«
Die Rebe, überzeugt von der Richtigkeit ihrer Wahl, kümmerte sich nicht um ihre Artgenossen. Sie hielt sich immer enger an dem alten Stamm fest und war sicher, alle anderen Reben des Weinbergs zu überleben.
Aber – der Baum hatte so viele Jahre auf dem Buckel: er war schließlich so hinfällig, daß er nicht mehr konnte. Er schwankte bei jedem Windstoß, viele seiner Äste waren abgestorben – bis er sich eines Tages mit lautem Ächzen lang auf das Feld legte. Die Rebe, die ihn immer umklammert hielt, verdarb mit ihm am Boden und starb, indem sie unter dem Stamm erstickte.

Der Löwe und das Lämmchen

Eines Tages brachte man einem gefangenen Löwen ein junges Lämmchen zum Fraß.
Es war so unschuldig und arglos, dieses Schäfchen, daß es keine Furcht vor dem Löwen empfand, sondern ganz nahe an ihn heranging, als wäre er seine Mutter. Mit staunenden und demütigen Blicken sah es ihn an.
Der Löwe, von so viel vertrauensseliger Unschuld gerührt, hatte nicht das Herz, das Lämmchen zu töten, und blieb brummend zurück, den Hunger in seinem Leibe.

Mohammed und der Wein

Der Wein, der göttliche Saft der Rebe, wurde eines Tages in einem prächtigen Goldpokal auf dem Tisch des Mohammed eingeschenkt.
Welche Ehre! dachte der Wein. Welcher Ruhm für mich: Ich befinde mich auf dem Tische Mohammeds.
Doch plötzlich wurde er von einem gegenteiligen Gedanken durchzuckt und sprach zu sich selbst:
»Aber welche Ehre und welcher Ruhm! Wozu beglückwünsche ich mich? Nichts stimmt. Was tue ich hier? Ich bin hier, um zu sterben, denn siehe, ich stehe im Begriff, mein schönes Haus zu verlassen, diesen edlen Goldpokal, um einzutreten in die häßlichen und stinkenden Höhlungen des menschlichen Leibes. Und wenn ich da unten sein werde, wird sich mein lieblicher und duftender Saft in häßlichen und stinkenden Urin verwandeln!«
»Als ob dieses Unheil nicht genügt«, fuhr der Wein fort, »werde ich auch noch in einer dunklen Pfütze enden und dort noch lange zusammen mit anderem übelriechenden Unrat bleiben müssen, welchen die Därme ausscheiden.«
»Oh, Himmel«, schrie der Wein verzweifelt, »ich verlange Gerechtigkeit, verlange Rache für so viel Schändung! Es ist nicht recht, daß diese Geringschätzung meiner Natur andauert! Jupiter, Vater Jupiter, ich flehe: Wenn diese Erde die schönsten und besten Trauben der Welt hervorbringt, füge es, daß sie nie mehr in Wein verwandelt werden!«
Jupiter hörte ihn und beschloß, seine Bitte zu erfüllen.
Und wirklich, als Mohammed aus dem Goldpokal getrunken hatte, ließ Jupiter ihm den Geist des Weins zu Kopf steigen und machte ihn trunken. Als Beute des Rausches führte sich Mohammed wie ein Narr auf und beging einen Irrtum nach dem anderen; und als er schließlich wieder zu sich kam, erließ er ein Gesetz, das allen seinen Anhängern für immer verbot, den Wein zu trinken.
Von da an lebte die Rebe mit ihren süßen Früchten glücklich und in Eintracht.

Der Maulwurf

Ein Maulwurf ging unter der Erde durch lange Gänge, die seine Sippe gegraben und in jahrelanger Arbeit in Ordnung gehalten hatte.
Er ging vor und zurück, stieg auf in die oberen Stockwerke und nieder in den Keller, wo man eine sehr schöne Aussicht gehabt hätte; denn natürlich, wie alle Maulwürfe, hatte er sehr kleine Augen und sah wenig. Endlich bog er in einen wohlvertrauten unterirdischen Gang ein und setzte seine Wanderung fort.
»Bleib stehen!« rief eine Stimme leise und gedämpft. »Dieser Gang führt nach draußen, er ist gefährlich.«
Der Maulwurf jedoch setzte seinen Weg fort, bis er sich in einem Haufen ganz frischer Gartenerde wiederfand.
Er hob das Maul und stieß es nach außen; aber das Licht der Sonne tötete ihn wie der Einschlag eines Blitzes.
Wie der Maulwurf, so kann auch die Lüge nur leben, solange sie im Verborgenen bleibt; kaum kommt sie ans Licht, um sich bemerkbar zu machen, da stirbt sie.

Der junge Bär und die Bienen

Ein junger Bär streifte neugierig durch den Wald, als er ein Loch in einem Baumstamm bemerkte.
Bei näherem Zusehen stellte sich heraus, daß in diesem Loch ein ständiges Kommen und Gehen von Bienen war: einige schwebten über dem Eingang, als müßten sie Wachposten spielen; andere, die von weither gerade ankamen, begaben sich hinein; andere kamen heraus und flogen in den Wald.
Der Bär, immer neugieriger, reckte sich auf und steckte die Nase ins Loch, schnüffelte und langte mit seiner Tatze hinein. Als er sie zurückzog, troff sie von Honig.
Aber er hatte kaum angefangen, sie abzulecken, als aus dem Loch eine Wolke von erzürnten Bienen ausschwärmte, die sich auf ihn stürzten, ihm die Nase zerstachen, sich auf Ohren, Mund, überallhin setzten.
Der junge Bär versuchte sich zu verteidigen, aber wenn er die Bienen von der einen Stelle verjagte, kamen sie zum Angriff von der anderen Seite wieder. Wütend versuchte er sich zu rächen, jetzt dieser, dann jener nachjagend; aber weil er sich mit allen anlegen wollte, gelang ihm an keiner die Rache. Zum Schluß wälzte er sich am Boden, um sich fuchtelnd, bis er schließlich, vom Schrecken und vom Brennen der Stiche bezwungen, heulend zu seiner Mutter floh.

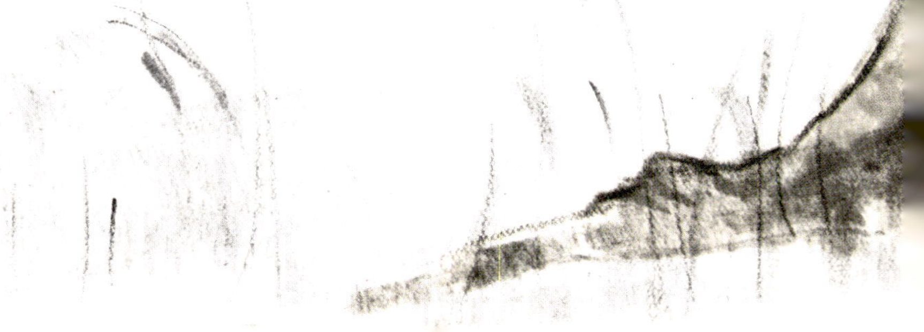

Die Weide und der Kürbis

Es war einmal eine Weide, die es zu nichts gebracht hatte: Sie hatte nie die Freude zu sehen, daß ihre Zweige sich himmelan reckten. Bald weil sich eine Rebe um ihren Stamm rankte, bald weil irgendeine andere Pflanze an ihr schmarotzte – immer war irgend etwas, das sie zu wachsen hinderte, und oftmals wurde sie verstümmelt und verletzt.
Alle ihre Energien aufraffend, begann die Weide schließlich zu träumen und über einen Ausweg aus dieser Sklaverei nachzudenken.
Sie dachte und dachte und beschloß, nacheinander alle Pflanzen ihrer Umgebung und die besonderen Bedürfnisse einer jeden zu prüfen, um schließlich die herauszufinden, die sich niemals auf ihre Äste verlassen mußte. Jeden Tag in diesen Fantasien lebend, kam ihr endlich eine Idee und eine Erleuchtung.
»Ja! Kein anderer als er: der Kürbis!«
Die Weide schüttelte vor Zufriedenheit alle ihre Zweige. Der Kürbis war just der ideale Gefährte, weil er mehr vorausdachte: Er band die anderen an sich, statt sich an die anderen zu binden. Nach so getroffener Wahl richtete die Weide ihre Zweige gegen den Himmel in der Hoffnung, sich einem Vogel bemerkbar zu machen. Und darüber kam eine Elster in ihre Nähe, und schon rief die Weide sie an:
»Freundlicher Vogel, ich hoffe, daß du nicht die Hilfe vergessen hast, die ich dir vor einigen Tagen erwiesen habe, als ein Falke dich hungrig und grausam verschlingen wollte und du dich in meinen Ästen verbargst. Und auch die Rastpausen wirst du nicht vergessen haben, die du auf mir genossen hast, als deine Flügel nach Ausruhen verlangten; und noch weniger das Vergnügen, das meine Zweige dir gewährten, als du mit deinen Gefährten deine Liebesspiele triebst. Um aller dieser Dinge willen, freundlicher Vogel, hoffe ich, daß du mir nicht die Gunst verweigerst, die ich erbitte. Höre! Ich bitte dich, auf die Suche nach einem Kürbis zu gehen, damit er dir einige von seinen Samenkernen gebe. Und zu diesen Samen wirst du sagen, daß sie keine Furcht vor mir haben sollen: Wenn ihre Keime aufgegangen sind, will ich sie behandeln wie meine eigenen Kinder. Suche die richtigen Worte, überzeuge den Kürbis, dir die Samen zu lassen, und die Samen, gern mit dir zu kommen! Du bist die Meisterin der schönen Rede, Freundin Elster, und bedarfst keiner Belehrung. Wenn du mir diesen

großen Gefallen erweist, werde ich mich glücklich schätzen, dein Nest auf meinen jüngsten Zweigen zu beherbergen und es mit deiner gesamten Familie zu bewachen, ohne von dir Miete zu verlangen.«
Nachdem die Elster einen Vertrag mit der Weide geschlossen hatte, die sich vor allem verpflichtete, in ihrem Laub weder Schlangen noch Marder aufzunehmen, warf sie sich, Schwanz in die Höh', den Kopf gesenkt, im

Sturzflug vom Ast, all ihr Gewicht den Flügeln anvertrauend. Heftig die weichende Luft schlagend und das Steuerruder des Schwanzes nach rechts oder links lenkend, landete sie bald schon vor einem Kürbis.
»Meine Reverenz und meinen Gruß!« sprach sie zu diesem.
Dann, nach weiteren höflichen und wohllautenden Wendungen, erbat sie die von der Weide begehrten Samenkerne.
Sie erhielt diese und kehrte zu ihrem Baumfreund zurück, der sie mit Freude empfing.
»Jetzt mußt du sie einpflanzen«, sagte die Weide.
Die Elster ließ sich flatternd auf die Erde nieder, und nachdem sie den Boden zu Füßen der Weide aufgescharrt hatte, nahm sie einen Samenkern nach dem andern mit dem Schnabel und pflanzte sie rund um den Stamm ein.
Die Samen gingen binnen kurzem auf. Es sprossen die Kürbispflänzchen hervor, wuchsen, bildeten neue Zweige und umklammerten langsam, allmählich die Zweige der Weide. Mit ihren großen Blättern stahlen die jungen Kürbisse dem Baum die Schönheit des Himmels und der Sonne.
Wie wenn das nicht genug wäre, begannen die Kürbisse auch noch mit ihrem Gewicht die Spitzen der jungen Weidensprossen zu Boden zu ziehen, sie zu martern und sie zu zerreißen. Vergebens wehrte sich die Weide,

schüttelte sich ohne Erfolg, um die Kürbisse abzuwerfen, und fuhr fort, sich zu winden und zu wenden in der trügerischen Hoffnung, ihre Freiheit zurückzugewinnen. Sie war so verzweifelt, weil sie nicht einmal begriff, daß die Kürbisse mit so vielen Banden an sie gefesselt waren, daß niemand sie wieder hätte daraus lösen können.
Wenn der Wind vorbeikam, schrie die Weide vor Schmerz und bat ihn um Hilfe. Der Wind vernahm es und blies nur um so stärker.
Dann brach der Stamm, dem die Kürbisse alle Nahrung geraubt hatten, auseinander – bis zur Wurzel hin. Ein Stück des Baumes fiel auf die eine, das andere auf die andere Seite. Und stöhnend auf das selbstverschuldete Mißgeschick, beklagte die Weide, unter einem so unguten Stern geboren zu sein.

Die Ulme und der Feigenbaum

Ein Feigenbaum, voll von noch unreifen Früchten, erhob die Augen gegen einen Baum, der ihm Schatten gab, den er aber ohne jede Frucht sah.
»Wer bist du, daß du es wagst, meinen kleinen Feigen die Sonne wegzunehmen?«
»Ich bin eine Ulme«, antwortete der Baum.
»Und du hast nicht einmal eine Frucht!« erwiderte der Feigenbaum. »Schämst du dich nicht, mir im Weg zu stehen? Aber warte, bis meine Söhnchen erwachsen sind; du wirst es erleben. Jeder von ihnen wird eine Pflanze, und alle zusammen werden ein Wald sein und dich umzingeln.«
Die Feigen reiften wirklich. Aber als sie reif waren, kam eine Abteilung Soldaten vorbei, um sie einzusammeln; sie stiegen auf den Feigenbaum, brachen die Zweige und rissen die Blätter ab. Es blieb nicht einmal eine Frucht, und der arme Feigenbaum fand sich verstümmelt und entblättert wieder.
Die Ulme, von Mitleid gerührt, sprach:
»Ach, Feigenbaum, wieviel besser für dich, wenn du keine Söhne gehabt hättest! Du hättest dir weniger Illusionen gemacht. Um ihretwillen befindest du dich jetzt in diesem traurigen Zustand.«

Der Adler

Ein Adler, der eines Tages aus seinem hochgelegenen Nest niedersah, erblickte einen Uhu.
»Was für ein komisches Tier«, sprach er zu sich.
Von Neugier getrieben, spannte er seine großen Flügel aus und begann in weiten Kreisen niederzusteigen. Als er dem Uhu nahegekommen war, fragte er ihn:
»Wer bist du? Wie heißt du?«
»Ich bin der Uhu«, antwortete zitternd der arme Vogel.
»Haha! Wie komisch du bist!« lachte der Adler, weiter um den Baum kreisend.
»Du bestehst nur aus Augen und Federn. Sehen wir ein wenig«, fügte er an, sich auf einem Ast niederlassend, »sehen wir aus der Nähe, wie du beschaffen bist. Laß mich deine Stimme besser hören! Wenn sie so schön ist wie dein Gesicht, wird man die Ohren schließen müssen.«
Dabei versuchte der Adler, sich mit Hilfe der Flügel einen Weg durch die Zweige zu bahnen.
Aber zwischen den Zweigen des Baumes hatte ein Bauer Leimruten gespannt und auch die großen Äste mit Leim bestrichen.
So fand sich der Adler unversehens mit den Flügeln an den

Baum geheftet, und je mehr er sich zu befreien strebte, um so mehr verschmierte er alle Federn mit Leim.

Der Uhu meinte:

»Adler, bald wird der Bauer kommen, dich fangen und in einen Käfig sperren. Vielleicht wird er dich auch töten, um die Lämmer zu rächen, die du gerissen hast. Du, der du im Himmel lebst, frei von aller Gefahr – was mußtest du auch herniederkommen, um deinen Spott an mir auszulassen?«

Der Schimpanse und das Vögelchen

Eines Tages sah ein junger Schimpanse, der von Ast zu Ast turnte, ein Nest voller junger Vögel. Höchst zufrieden näherte er sich und streckte eine Hand nach ihnen aus. Aber die Vögel konnten schon fliegen und entflohen – nur der kleinste blieb im Nest zurück.
Seelenvergnügt kam der kleine Schimpanse mit seinem Vögelchen heim. Das Tierchen gefiel ihm so sehr, daß er es zu liebkosen, zu küssen, an die Brust zu drücken begann.
Seine Mutter sah dies, sagte aber nichts.
»Wie niedlich es ist!« rief der Kleine. »Ich habe es gar zu gern.«
Und er fuhr fort, es an sich zu drücken – bis er es tot gedrückt hatte.
Diese Fabel ist für diejenigen erzählt, die ihre eigenen Kinder nicht zu strafen wissen.

Die Weide und die Rebe

Die Weide ist ein Baum, der rasch und stark wächst. Man kann ihre Triebe mit dem bloßen Auge wachsen sehen; sie übertreffen spielend alle anderen Pflanzen.

Eines Tages wollte sich die Weide mit einer Rebe vermählen, um Gesellschaft zu haben.

»Das ist dummes Zeug!« meinte eine andere Weide dazu. »Wir Weiden sind geboren, um zu wachsen und alle anderen Pflanzen zu überragen. Was wirst du tun mit einer Rebe an deiner Seite?«

Aber die Vermählung fand dennoch statt. Die Weide vereinigte sich mit der Rebe, oder besser: Sie ließ zu, daß die Rebe ihre Zweige an ihren Schaft anlehnte.

Die Rebe jedoch brachte schöne Weintrauben hervor, während die Weide ohne Früchte blieb. Darum meinte der Bauer, der beide eines Tages miteinander verbunden sah und nicht wollte, daß die Weide, wenn sie höher wuchs, die Rebe vielleicht entwurzele, sie alle beide beschneiden zu sollen. So wurden Jahr um Jahr die stolzen Triebe der Weide von dem umsichtigen Bauern zurückgeschnitten, und die Weide verkrüppelte und diente lediglich dazu, die Trauben seiner glücklichen Gefährtin abzustützen.

Der Krebs

Ein Krebs bemerkte, daß sich viele Fischchen um einen Felsen herum sammelten, ehe sie sich in die Strömung wagten.
Das Wasser war durchsichtig wie die Luft, und die Fische schwammen ruhig und ergötzten sich am Spiel von Licht und Schatten.

Der Krebs wartete die Nacht ab, und als er sicher war, daß niemand ihn gesehen hatte, versteckte er sich unter dem Felsen.
Von diesem Versteck aus beobachtete er wie ein Menschenfresser aus seiner Höhle die kleinen Fische, und wenn sie nahe genug vorbeischwammen, packte und fraß er sie.
»Das ist nicht schön, was du da treibst«, brummelte der Fels. »Du mißbrauchst mich, um diese armen Unschuldigen zu töten!«
Aber der Krebs hörte nicht auf ihn, sondern fuhr fort zu fangen, was ihm so köstlich mundete.
Eines Tages aber kam unvorhergesehen das Hochwasser. Der Fluß schwoll an, überfiel mit großer Gewalt den Felsblock, der ins Flußbett rollte und dabei den Krebs zerdrückte, der unter ihm saß.

Der Wein und der Trunkene

Eines Abends sagte ein Bauer, der bereits über das zuträgliche Maß getrunken hatte, zu seiner Frau:
»Hol mir einen neuen Fiasco!«
»Es ist der letzte«, erwiderte die Frau, als sie die Flasche brachte. »Wenn du auch diesen trinkst, gibt es nichts mehr.«
»Gut!« lallte der Bauer. »Ich will allen Wein austrinken, den wir im Haus haben. Ich will ihm den Garaus machen!«
So, voller Übermut, soff er einen Becher nach dem andern, bis der Fiasco leer war.
Der Wein war beleidigt und gedachte, sich an seinem Trinker zu rächen. Als der Bauer ins Freie ging, um Luft zu schnappen und das Unbehagen zu vertreten, das er im Magen spürte, ließ ihn der Wein über seine Beine stolpern und schickte ihn kopfüber mitten in die stinkende Mistgrube.

Der Schwälberich

Die Schwalbe war mit Freudenschreien und fröhlichem Zwitschern zum alten Nest zurückgekehrt.
Nachdem es gesäubert und instand gesetzt war, hatte sie ihre Eier gelegt. Dann hatte sie diese bebrütet. Schließlich, nachdem ihre Kinder geboren waren, hatte sie wieder begonnen, zwischen Nest und Himmel hin und her zu fliegen, vom Morgengrauen bis Sonnenuntergang, um ihre zahlreichen Nestbewohner zu ernähren.
Der Schwälberich indessen flog spazieren. Er war geflogen während der häuslichen Arbeiten, dann während der Brutzeit und flog nun weiter, alle Tage, von der Frühe bis zur Nacht, ohne sich einen Augenblick lang Ruhe zu gönnen.
»Warum fliegst du fortwährend?« wurde er eines Tages gefragt.
»Weil es mir nicht liegt zu arbeiten«, antwortete er.

Die Zeder

Es war einmal eine Zeder, die wußte, daß sie sehr schön war.
Genau in der Mitte des Gartens stehend, überragte sie an Höhe alle anderen Pflanzen, und ihre Zweige gemahnten mit ihrer makellosen Symmetrie an einen riesigen Kandelaber.
Wer weiß, wie du wärst, wenn du Früchte trügest, dachte sie. Du wärst gewiß der schönste Baum der Welt.
Also schickte sie sich an, die anderen Bäume zu beobachten, um zu erfahren, wie die es anstellten, und am Ende sproß, genau unter der Spitze, auch ihr eine schöne Frucht.
»Jetzt heißt es, sie zu nähren und wachsen zu lassen«, sagte sich die Zeder. Und die Frucht begann zu wachsen und größer zu werden, bis sie zu groß wurde. Die Spitze der Zeder, die sie nicht mehr zu tragen vermochte, fing an sich zu biegen, und als die Frucht reif war, sah man die Spitze, die der Ruhm und das Entzücken dieses Baumes war, schwanken und schlottern wie ein geknickter Zweig.

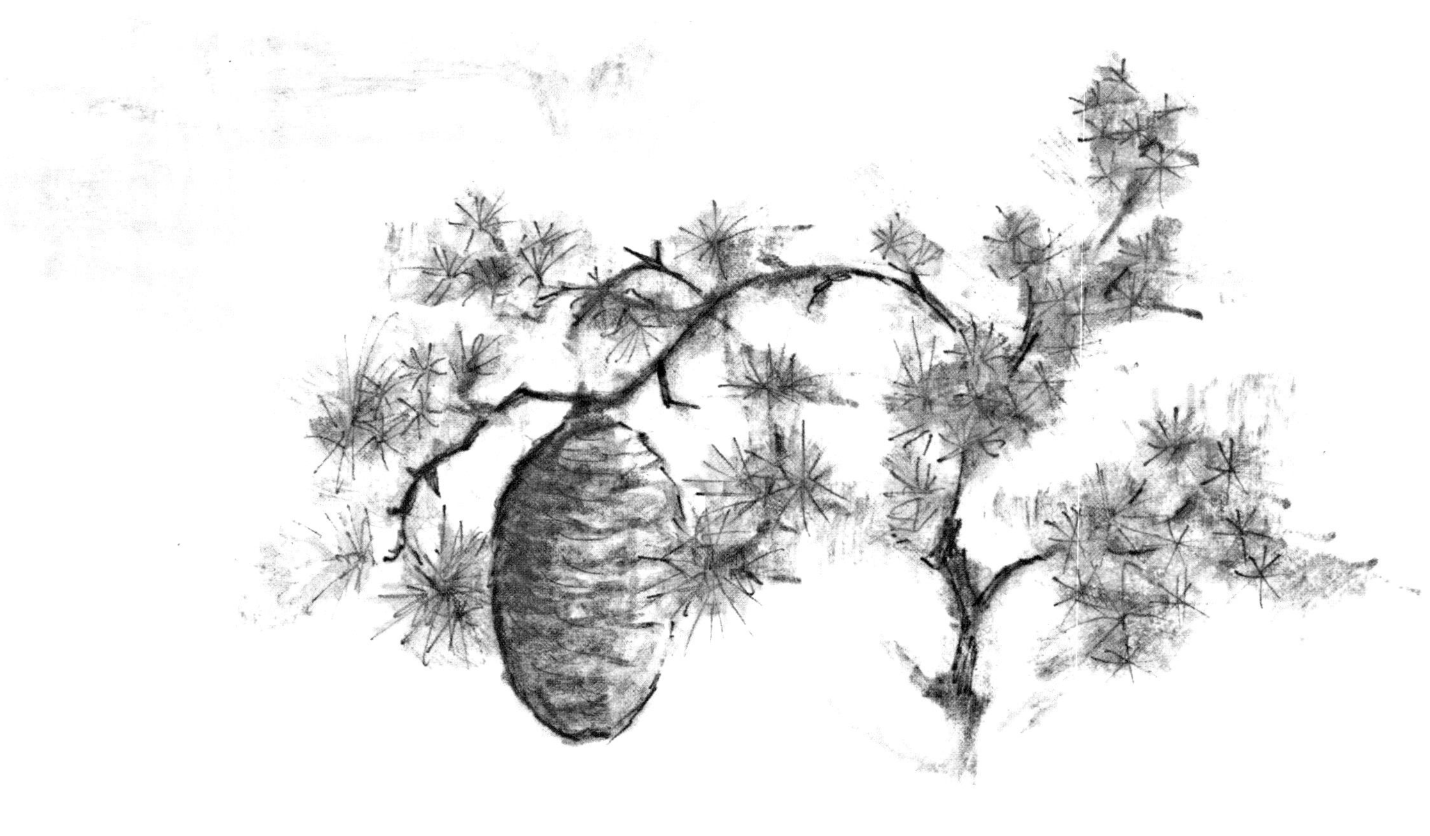

Das gestohlene Ei

Einst befanden sich in einem Garten zwei Nester von Rebhühnern; eines war auf einer Zypresse, das andere auf einem Ölbaum.
Eines Tages nun stahl das Rebhuhn, das in der Zypresse wohnte, ein Ei von jenen im Ölbaum, um es den Eiern zuzufügen, welche es schon bebrütete.
Nach kurzer Zeit öffneten sich in beiden Nestern die Eier, und beide Rebhühner wurden Mütter. Ihre Kinder wuchsen, erhielten ein Federkleid, bis der große Tag des ersten Fluges herankam.
Eines hinter dem andern warfen sich die Kleinen, die im Ölbaum wohnten, nach unten, flügelten eine Runde und kehrten stolz und wohlbehalten in das heimische Nest zurück.
Eines hinter dem andern stürzten sich auch die, welche in der Zypresse wohnten, nach unten und flogen durch den Garten. Aber eins von ihnen, anstatt wieder auf die Zypresse zurückzukehren, flog zu dem Nest, das im Ölbaum gebaut war.
Es war der Vogel, der aus dem geraubten Ei geboren war. Sein Instinkt ließ ihn zur wahren Mutter zurückkehren.

Fröhlichkeit . . .

»Wer ist das fröhlichste Tier?« fragte man einen alten Bauern.
»Es ist der Hahn«, antwortete der Bauer. »Der Hahn und die Fröhlichkeit sind eins. Er freut sich, wenn der Tag geboren wird, und singt; er freut sich, wenn die Sonne aufgeht, und singt; er läuft, springt, kämpft und spielt, immer singend, glücklich und zufrieden, und der ganze Hof hört auf ihn und freut sich mit.«

. . . und Traurigkeit

»Und das traurigste Tier?« fragten sie den weisen Bauern noch.
»Das traurigste Tier ist der Rabe«, lautete die Antwort. »Die Traurigkeit ist genau wie er. Wenn sich im Nest die Eier öffnen und dem Raben Kinder geboren werden, flieht er, weil er sie so federlos und weiß sieht, und gibt sie in großem Kummer auf. Er zieht sich auf einen benachbarten Baum zurück und weigert sich, die Jungen zu ernähren. Bis er schließlich bemerkt, daß auf ihrer Haut die ersten schwarzen Federchen zu sprossen beginnen. Und nun kehrt er zurück.«

Das Krokodil und die Pharaonsratte

Ein Krokodil vergoß viele Tränen, nachdem es einen Mann getötet hatte, der unter einer Palme schlief.
»Siehst du«, sagte eine Pharaonsratte zu ihrem Sohn, »was für ein Heuchler das Krokodil ist: Jetzt weint es, und gleich wird es sein Opfer verschlingen.«
Tatsächlich machte sich das Krokodil nach einem Weilchen daran, seine Beute seelenruhig zu verspeisen.
Nach diesem Mahl schlief es am Ufer des Flusses mit offenem Maul und in Übereinkunft mit einem kleinen Kolibri, der sein Freund war und ihm die Speisereste fortpickte, die noch zwischen den Zähnen saßen.

Freundlichst von dem ordentlichen Vögelchen gestochert, öffnete das schlafende Krokodil seine mächtigen Kiefer noch mehr.
Darauf sagte die Pharaonsratte zu ihrem Sohn:
»Jetzt gib gut acht. So bringt man die Verräter um!«
Und mit einem Anlauf stürzte sie sich in den Rachen des Krokodils, schlüpfte geschmeidig durch die Kehle und in den Magen, den sie mit ihren spitzen Zähnen zerbiß.
Das Krokodil erwachte durch den unvermuteten Überfall, begann sich, eine Beute der Schmerzen, auf der Erde zu wälzen und zu schreien, weil es seine Eingeweide mißhandelt fühlte, bis es schließlich, von den Bissen der Pharaonsratte innerlich zerfleischt, mit dem Bauch nach oben steif liegenblieb.

Der Nußbaum

In einem Garten, der von einer hohen Mauer umgeben war, lebten viele Obstbäume zusammen. Jeder schmückte sich im Frühling mit Blüten und trug dann sommers seine Frucht. Unter diesen Bäumen war auch ein Nußbaum.
»Aber warum muß ich in diesem Garten verkümmern?« sagte er eines Tages. »Ich möchte meine Zweige bis über die Straße ausstrecken, damit alle Welt den Reichtum meiner Früchte sieht.«
Also ließ er bald darauf seine Zweige schöner denn je über die Mauer der Einfriedung hinausreichen, damit jeder ihn sähe.
Aber als seine Äste mit Früchten beladen waren, begannen die des Weges kommenden sie zu pflücken; und wo sie mit den Händen nicht hinlangten, versuchten sie es mit Stöcken, und was sie nicht mit Stangen schafften, gelang ihnen mit Hilfe von Steinen.
In kurzer Zeit verlor der Nußbaum, geschlagen und gesteinigt, Früchte und Blätter und konnte nur noch seine verstümmelten Arme über die Mauer strecken.

Die Drosseln und die Eule

»Wir sind frei! Wir sind frei!« riefen eines Tages die Drosseln, als sie sahen, daß der Mensch die Eule gefangen hatte. »Jetzt brauchen wir keine Furcht mehr vor der Eule zu haben; jetzt werden wir ruhig schlafen.«

Die Eule war tatsächlich in einem Hinterhalt gefangen, und der Mensch hatte sie in einen Käfig gesperrt.

»Laßt uns die Eule in Gefangenschaft sehen!« riefen die Drosseln, flogen und sangen um das Gefängnis herum.

Aber – der Mensch hatte die Eule zu einem anderen Zweck gefangen, zu dem nämlich, der Drosseln habhaft zu werden. Und wirklich schloß die Eule sofort ein Bündnis mit ihrem Bezwinger, der die an einer Klaue ge-

fesselte jeden Tag auf einem Dreifuß zur Schau stellte. Die Drosseln stürzten sich auf die benachbarten Bäume, in denen der Mensch seine Leimruten versteckt hatte. Sie wollten die Eule sehen und verloren – anstatt die Freiheit zu verlieren wie die Eule – das Leben.
Diese Fabel ist für alle erzählt, die sich freuen, wenn einer, der mehr zählt als sie, die Freiheit verliert. Der Besiegte nämlich, der bedeutend ist, verbündet sich sofort mit dem Sieger und wird sein Instrument, während alle die, welche vorher von ihm abhingen, unter einen neuen Herrn geraten und mit ihrer Freiheit oft genug auch das Leben verlieren.

Die Spinne und die Hornisse

Eine Spinne, die zufällig an eine oft von Fliegen aufgesuchte Stelle kam, begab sich unmittelbar ans Werk, ihre Netze auszuspannen. Sie wählte zwei Äste als Mittelpunkt, begann sofort, ihr Weberschiffchen von einem zum anderen gehen zu lassen, und konstruierte, ihre Silberfäden spinnend, ein dichtes Gewebe. Als ihre Arbeit getan war, verbarg sie sich hinter einem Blatt.
Sie mußte nicht lange warten. Eine neugierige Fliege verfing sich sofort in dem Netz, und die Spinne eilte herzu und verspeiste das Opfer.
Aber eine Hornisse, die von einer Blumenkrone aus alles beobachtet hatte, erhob sich zum Flug gegen die Spinne und durchbohrte sie mit ihrem Stachel.

Die Schlange und die Vögel

Der Vogelschwarm war nicht mehr so zahlreich wie zuvor. Jeden Tag verschwand ein Vogel auf geheimnisvolle Weise, aber niemand wußte wie. Der besorgte Anführer des Schwarms konnte keine Erklärung dafür finden.
Eines Morgens setzte er sich, anstatt an der Spitze zu fliegen, ans Ende des Schwarms, um alle seine Gefährten unmittelbar zu überwachen.
Sie flogen wie gewohnt gegen einen breiten Wald; aber als sie einen Hügel passierten, bemerkte der Anführer, daß der Schwarm sich unerwartet zerstreute, als sei er von einem starken Wind überfallen. Der größere Teil der Vögel fand sich zwar bald wieder zusammen, aber einige irrten weiter ab, wie von einer unsichtbaren Kraft angezogen. Und schließlich sah der Anführer die Schlange. Sie war sehr lang und mehrfach gewunden.
Im Gras verborgen, erwartete sie jeden Tag den Vorbeiflug der Vögel und zog mit geöffnetem Rachen so stark den Atem ein, daß dieser auch einen Vogel in ihren Schlund einsog.

Die Raupe

Eng an ein Blatt geschmiegt, sah die Raupe um sich: Da sang es, sprang es, lief es, flog es. Alle Insekten waren in ständiger Bewegung, nur sie, die ärmste, hatte keine Stimme, lief nicht, flog nicht.
Mit großer Mühe gelang es ihr, sich vorwärts zu bewegen, aber so wenig, daß sie eine Weltreise gemacht zu haben schien, wenn sie von einem Blatt zum anderen glitt.
Trotzdem beneidete sie niemanden. Sie wußte, daß sie eine Raupe war und daß die Raupen es lernen mußten, einen seidigen Schaum zu spinnen, um mit wunderlicher Kunst ihre Behausung zu weben.
Also machte sie sich mit großem Eifer an ihre Arbeit.
In kurzer Zeit war die Raupe eingeschlossen in einen lauwarmen Kokon von Seide und abgetrennt von der übrigen Welt.
»Und nun?« fragte sie sich.
»Noch ein wenig Geduld, und du wirst staunen.«
Im rechten Augenblick erwachte die Raupe und war keine Raupe mehr. Aus dem Kokon trat sie mit zwei herrlichen Flügeln, die mit lebhaftesten Farben geschmückt waren, und erhob sich sogleich in die Höhe, himmelan.

Das Einhorn

Die Jäger sprachen von dem Einhorn wie von einem geheimnisvollen Wesen.

»Ist es ein Tier, oder ist es ein Geist?« fragten sie sich.

In der Tat, dieses fremde, kleine Pferd mit einem Horn mitten auf der Stirn tauchte bald hier, bald dort auf, aber niemandem glückte es, ihm beizukommen.

»Wild und sonderbar«, sagte ein Jäger. »Vielleicht ist es ein Bote der Unterwelt, der auf die Erde kam, um zu spionieren.«

»Aber nein, es ist zu schön, um ein unterweltlicher Geist zu sein; es muß ein Engel sein«, entgegnete ein anderer.

Ein Mädchen, das allein unter einer Pergola saß, lauschte ins Schweigen, spann seine Wolle und lächelte. Dieses Mädchen kannte das Einhorn gut, wußte alles von ihm, war sein Freund.

Und wahrhaftig: nachdem die Menschen gegangen waren, kam das Tier hinter einem Gesträuch hervor und eilte zu dem Mädchen. Es ließ sich vor ihm nieder, schmiegte die Kinnbacken auf seine Knie und blickte es mit verliebten Augen an.

Das Einhorn, der streunende, wilde Vierfüßler, der gewöhnlich vor jeder Nachstellung floh, hatte eine Schwäche für junge Mädchen. Es liebte sie alle, und wenn es sich ergab, daß sie allein waren, näherte es sich ohne Scheu, um sie aus der Nähe zu bewundern.

Nach der ersten Begegnung wurde es geradezu zahm wie ein Haustier und warb mit dem Maul um eine Zärtlichkeit.

Seine sonderbare Liebe wurde ihm zum Verhängnis:

Die Jäger entdeckten es eines Tages, und ohne Wissen des Mädchens stellten sie ihm eine Falle und töteten es.

Das Testament des Adlers

Ein alter königlicher Adler, der seit vielen Jahren einsam über einer sehr hohen Felswand lebte, fühlte die Stunde seines Todes nahen. Mit mächtigem Schrei rief er seine Söhne, die auf den umliegenden Felsen hausten, und als alle um ihn versammelt waren, sah er einen um den anderen an und sagte: »Ich habe euch genährt und aufgezogen, daß ihr bis zum jüngsten fähig seid, in die Sonne zu blicken. Ich habe hungers sterben lassen eure Brüder, die ihren Anblick nicht ertrugen. Deshalb seid ihr würdig, höher hinaufzufliegen als alle Vögel. Wer nicht sterben möchte, möge sich nie eurem Nest nahen! Alle die Tiere müssen euch fürchten; doch ihr werdet keinem Übles tun, der euch Ehre erweist, sondern ihm die Reste eurer Beute lassen. Jetzt stehe ich im Begriff, euch zu verlassen; aber ich werde nicht hier in meinem Nest sterben. Ich werde in die Höhe fliegen, soweit mich meine Flügel tragen. Ich werde mich gegen die Sonne bewegen, als müßte ich zu ihr gelangen. Ihre entflammten Strahlen werden meine alten Federn verbrennen, und ich werde niederstürzen und ins Meer fallen.

Aber aus diesem Wasser werde ich durch ein Wunder ein zweites Mal geboren, verjüngt und gewillt, ein neues Dasein zu beginnen. So ist die Natur der Adler, so ist unsere Bestimmung.«

Nach diesen Worten erhob sich der königliche Adler zum Flug. Majestätisch und feierlich zog er einen Kreis um den Felsen, wo seine Söhne verharrten; darauf strebte er steil in die Höhe, um in der Sonne seine nimmermüden Flügel zu verbrennen.

Auf den folgenden beiden Seiten findet sich ein interessantes Beispiel für die von Leonardo da Vinci angewandte Spiegelschrift. Rechts das Manuskript und links die lesbare Version der Spiegelschrift.

la pro^ne di questi due □ti e ~~milesima~~ segnata della

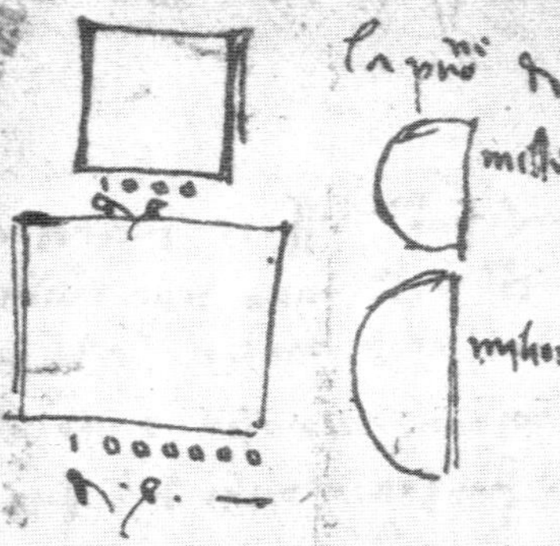

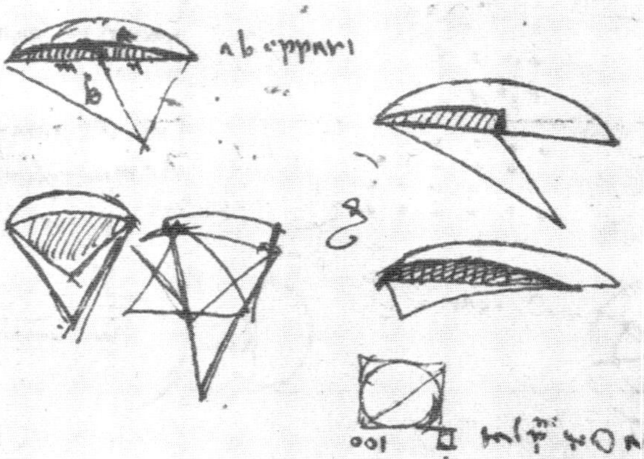

001 □ tal p^ne di ○ a ○ qle [illegible] □ a □ fatto del cerchio

00001

Se 1° cerchio è mille e 1 altro cerchio è 1 milione un milesimo del cerchio magore è pari al cerchio minore fa adunque una piramide del suo a la lungezza del semidiamitro del tal cerchio magore della quale la sua basa sia 1 quantità della quale la basa multiplicata per meta della sua lungezza fia cinque cento migliara di ~~[illegible]~~ e arai la □ra del cerchio minore piu una minima quantità insensibile della quale per la regola inversamente tu ne rai meno 999 di simile minutie le quali tu poi farai di quadratura una al punto matematico adunque non le nare la portione ~~alla piramide~~ al cerchio ma si ma la una la sola alla piramide e arai del cerchio sua quadratura del piramide piu la portione che ssi fa [illegible] al piramide

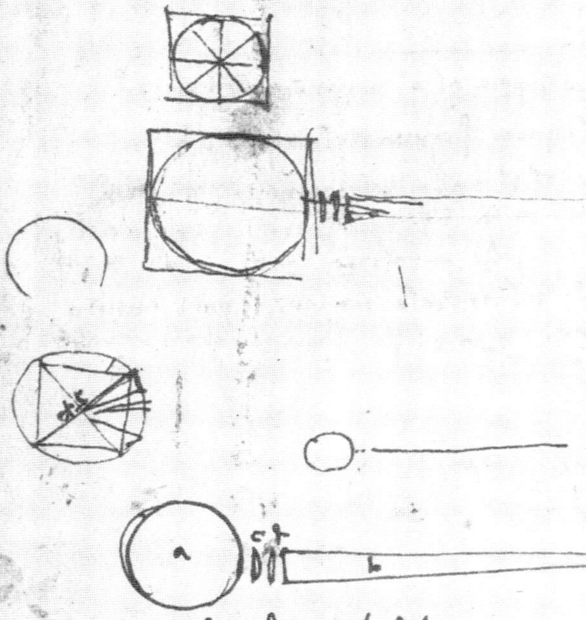

Se da cose equali si leva parte equali i rimanenti sara equali segmento che ssi fa del cerchio a è equale al settore b e taglie ~~[illegible]~~ la portione d al uno e all altro il ~~[illegible]~~ triangolo b è pari al cerchio a

fa del △lo b il suo quadrato e di ~~[illegible]~~ che proportione a 1° de sua lati col diamitro del cerchio al quale esso □to si fa equale e poi quanta tal diametro che proportione esso a della circumferentia di tale cerchio e ffarai regola

li lati d'una figura a dotto 96 lati equali sono al diamitro come 3 e $\frac{1}{7}$ a 1° ~~[illegible]~~ o poco piu

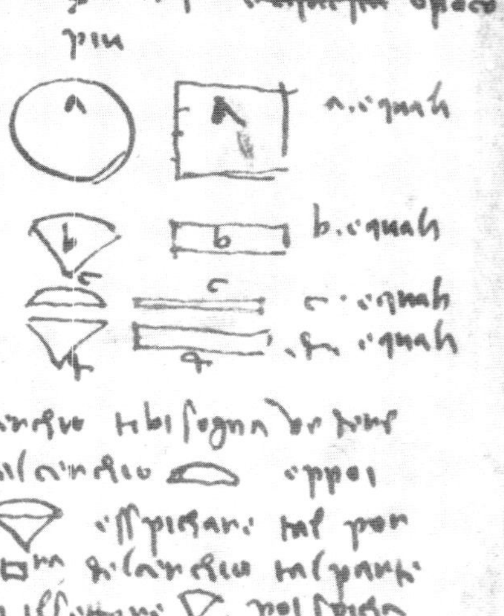

Se voi fare di molte e cente vol quadrare ogni portione di cerchio ti bisogna vedere tal portione che parte la sua curva è della gita del tal cerchio e poi finire il settore di cerchio a tal portione ~~[illegible]~~ e spiccare tal portione ~~[illegible]~~ ~~[illegible]~~ ma prima spicca della □ra del cerchio tal parte del quale è il settore di tutto il cerchio e mettila sotto il settore poi spicca la portione del settore e resta 1 △lo rettilineo il quale trovai del □to f e rimanenti [illegible] sara [illegible] a tal portione e cosi non vale [illegible]

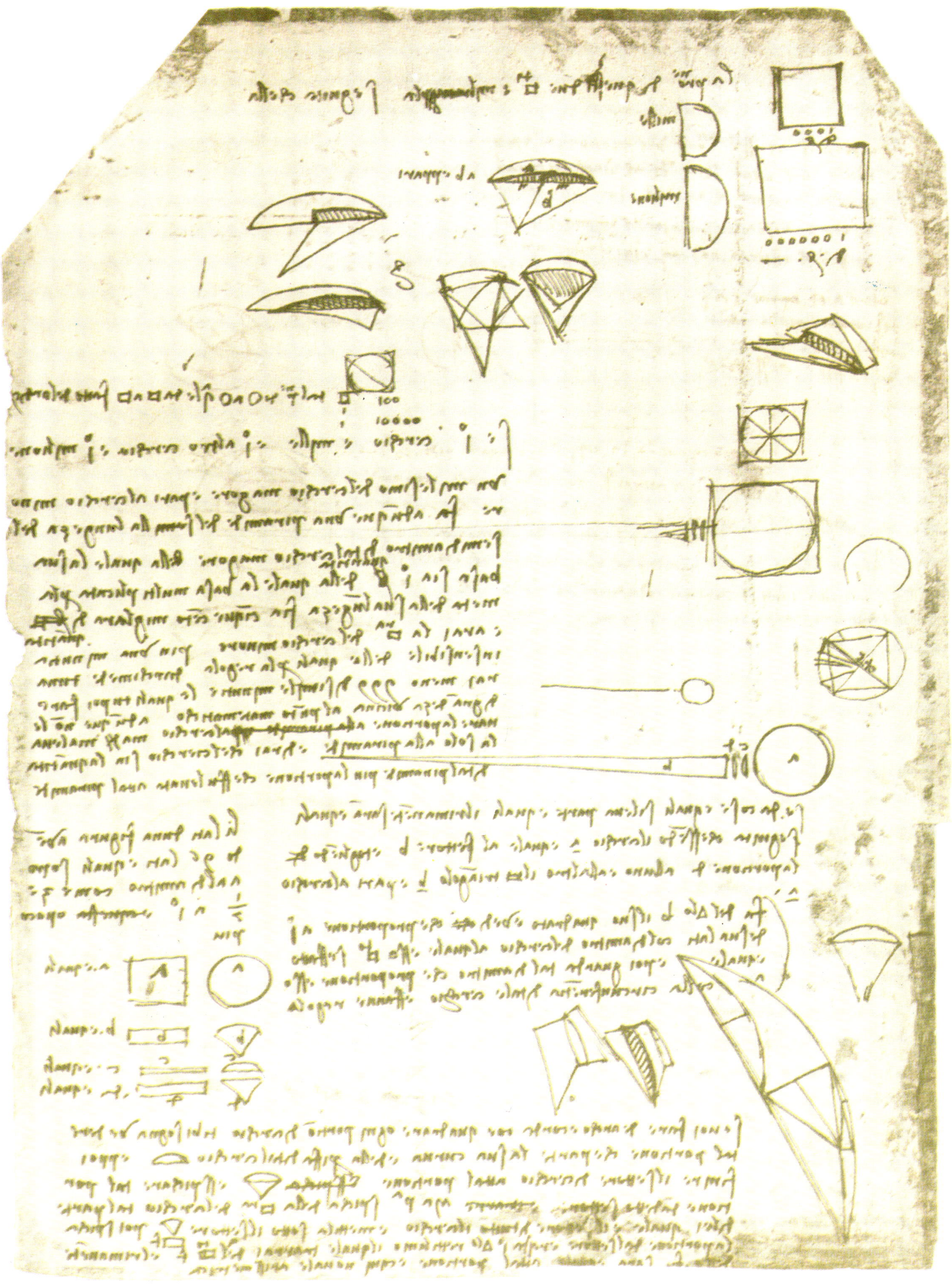

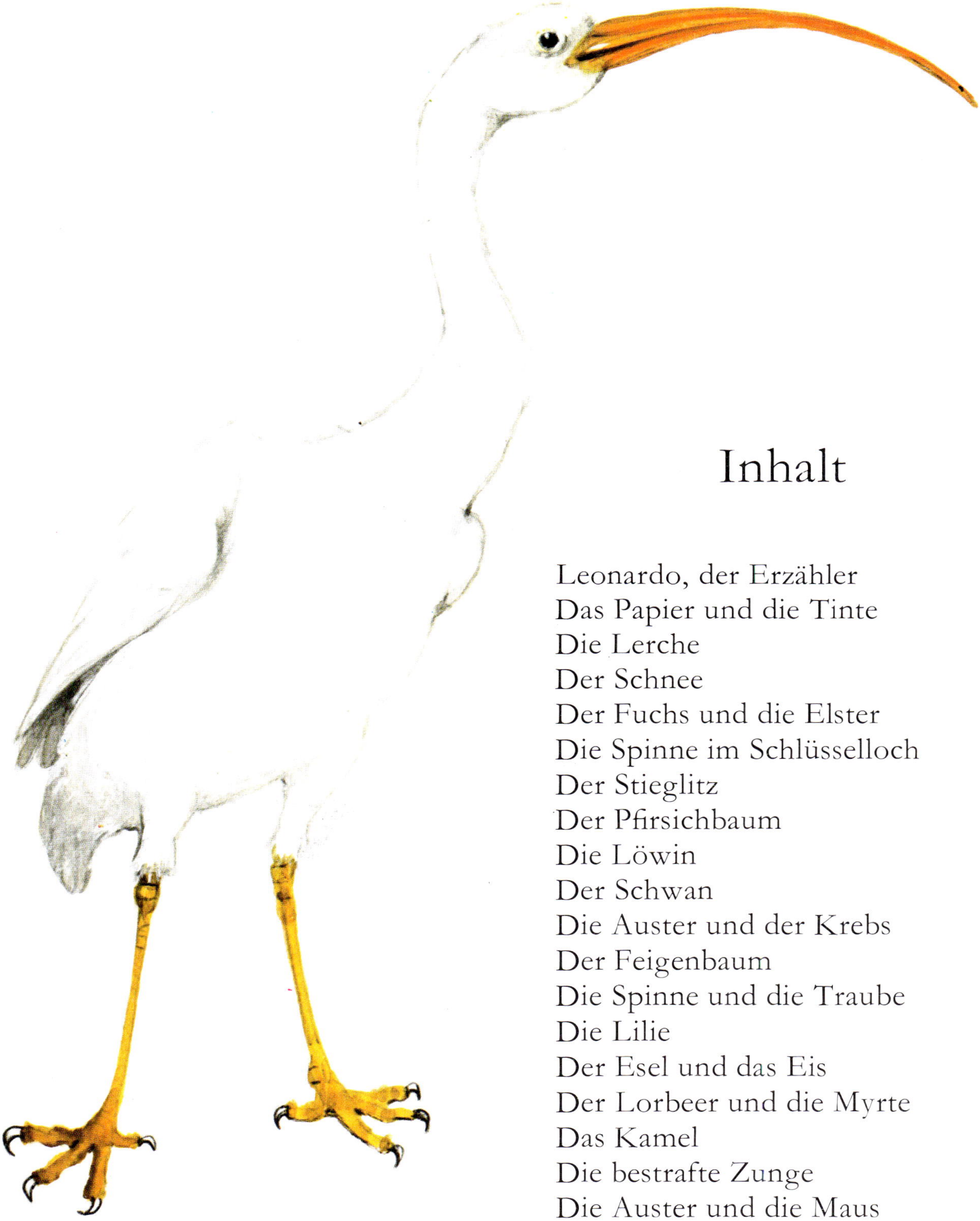

Inhalt

3. Auflage 1977
16.–20. Tausend

Die Originalausgabe erschien in Italien unter dem Titel
»Favole e Leggende«

Printed in Italy
ISBN 3 401 03658 0

[illegible]

[illegible]

[illegible]

[illegible] propria vita [illegible]

[illegible]

[illegible]

[illegible]